40 DIAS no mundo dos GAMES

EDUARDO MEDEIROS

40 DIAS no mundo dos GAMES

Direção Editorial: Sinval Filho

Direção Administrativa: Wilson Pereira Jr.

Direção de Marketing: Luciana Leite

Capa e Projeto Gráfico: Jônatas Jacob

Diagramação: Jônatas Jacob

Revisão: Janaina Marques Steinhoff

Dôssie: Luiz Miguel de Souza Gianeli

@editoracemporcentocristao @edcemporcento @editoracemporcentocristao

contato@editoracemporcento.com.br (11) 4379-1226 | 4379-1246 | 98747-0121

Editora 100% Cristão - Rua Raul Torres, 41 - Osasco/SP - CEP 06028-060

www.editoracemporcento.com.br

no mundo dos GAMES

EDUARDO MEDEIROS

ÍNDICE

SOBRE O AUTOR

Eduardo Luiz de Medeiros é casado com a mulher mais linda deste mundo, chamada Meiry Ellen, e pai do não tão pequeno Joshua. É Ministro da Igreja do Evangelho Quadrangular, auxiliando no treinamento de líderes de jovens e adolescentes em sua denominação. Palestrante, desenvolve a temática dos conflitos entre gerações, cultura e cristianismo, pós-modernidade e igreja, entre outros temas para pais, professores e pastores. É Doutor em História Medieval pela Universidade Federal do Paraná e Especialista em Teologia Bíblica pela Universidade Mackenzie de São Paulo, além de Bacharel em História e Teologia. Professor da Faculdade Teológica Betânia, é escritor de livros acadêmicos para uso em diversos cursos a nível nacional. Fundador do projeto Parábolas Geek, que originou este Devocional.

Siga o Parábolas Geek nas redes sociais!

Parabolas Geek

Parabolas Geek

Parabolas Geek

www.parabolasgeek.com

Convites para ministrações, palestras e treinamentos em todo o Brasil:

parabolasgeek@gmail.com

eduardo_medeiros_oficial

AGRADECIMENTOS

Agradeço a Deus que tem permitido a continuidade deste projeto! Tudo começou com Ele e continuará enquanto Ele permitir. A Deus toda a honra e toda a glória! Agradeço à minha parceira de Aliança, Meiry, pois, sem o seu apoio, eu não teria ousado sair de minha zona de conforto para viver as aventuras de Deus para nossas vidas. Ao meu filho Joshua, que participou ativamente da escolha dos jogos que constam neste livro. Graças a ele, conheci o universo de jogos mobile, que eram totalmente desconhecidos para mim.

Preciso agradecer a todo o staff da família Editora 100% Cristão, pois, a cada projeto, estreitamos ainda mais os laços de amizade e parceria no Reino de Deus. Vocês estão revolucionando o mercado editorial cristão no Brasil! Por esta razão, Sinval, Luciana e Wilson, meu muito obrigado.

Preciso agradecer a cada irmão e irmã em Cristo que têm feito as jornadas de 40 dias comigo. Em todo o Brasil, de norte a sul, recebo notificações em nossas redes sociais daqueles que estão começando suas jornadas, seja com os Vingadores, Star Wars, Liga da Justiça e agora esta obra que você tem em mãos, e que inaugura uma nova trilogia que abrangerá diferentes assuntos deste fascinante universo da Cultura Pop. Bem-vindos aos 40 Dias no mundo dos Games!

AGRADECIMENTOS ESPECIAIS

Neste projeto, preciso agradecer de maneira especial a duas pessoas que participaram comigo da construção desta obra. Temos no modo gamer uma novidade neste livro: a contribuição muito especial de meu amigo Léo D. Andrade, criador da HQ A Lenda de Boia. Esta HQ, que tenho o prazer de ter um exemplar autografado, traz referências do folclore brasileiro e do universo mangá, que é incrível! Ele gentilmente cedeu um alfabeto que criou em suas histórias, para que fizesse parte de um de nossos desafios propostos. Ficamos muito honrados com a contribuição, Léo!

O segundo agradecimento especial é ao pastor Luiz Miguel Gianeli, criador do projeto *Muito Além dos Videogames* que, até o momento em que escrevo estas palavras, gerou três livros do qual tenho a alegria de participar com um texto no terceiro volume da série. A ênfase deste projeto é o mundo *retrogamer*, contando experiências pessoais com os consoles e jogos, além de relacionar estas experiências do cotidiano com o cristianismo em sua vida de pastor. Vale muito a pena conhecer. O pastor Luiz contribuiu com o dossiê sobre a história dos videogames, que está no anexo final deste livro.

Agradeço muito pela disponibilidade e contribuição e encorajo você, leitor, a conhecer mais a fundo os trabalhos deles!

A Lenda de Boia

@alendadeboia

@alendadeboia

www.alendadeboia.com

Muito Além dos Videogames:

@muitoalemdosvideogames

@muitoalemdosvideogames

http://diamanteseternos.blogspot.com

INTRODUÇÃO AOS 40 DIAS

1) APRESENTAÇÃO

Escrever esta introdução é sempre um grande desafio. Ao mesmo tempo em que terei muitos leitores recorrentes, que já me conhecem por meio dos livros anteriores, teremos sempre muitos novos amigos e amigas de jornada, que se conectam conosco pela primeira vez na leitura deste exemplar. Como explicar a essência do projeto sem ser cansativo para quem já leu esta introdução realmente não é fácil. Mas nós tentamos sempre!

Em primeiro lugar, é preciso salientar que este é o quarto volume de nossa série "40 Dias", sendo provável que você já conheça os livros de nossa primeira trilogia:

40 dias com os Vingadores, cujo tema central foi vida cristã;
40 Dias com Star Wars, onde falamos a respeito de Jesus;
40 Dias com a Liga da Justiça, com o assunto de missões e propósito.

Talvez você faça parte de nossa família há mais tempo! Se este for o seu caso, então com certeza você conhece o nosso "primogênito", o Devocional Pop, com a primeira edição lançada em 2017. Ele é um devocional anual com 366 textos abordando o cristianismo pela ótica da cultura pop.

Mas, pode ser que este seja seu primeiro contato com o nosso material e, se assim for, quero dar as mais sinceras boas-vindas a você! Pode ficar absolutamente tranquilo ou tranquila, pois cada um dos livros é independente em sua leitura. Espero que você goste desta experiência e que eu possa rever cada um de vocês nos demais livros de nossa franquia.

Um fato importante com relação a este livro de maneira específica é que ele inicia nossa segunda trilogia de 40 Dias, o que nos alegra muito, pois quando lançamos o primeiro volume, em maio de 2019, não tínhamos a exata dimensão da receptividade que teríamos de vocês. Mais de um ano depois, estamos seguros em continuar investindo parte de nossas vidas neste projeto. Em breve teremos novos volumes disponíveis para que você possa dar continuidade a esta jornada pelos principais temas da vida cristã por meio destes jogos, filmes e séries emblemáticos!

Em segundo lugar, este livro apresenta um eixo central. Cada devocional tem o objetivo de nos ensinar algo sobre discipulado e escolhas. O discipulado é uma das bases do cristianismo, e, por esta razão, acredito ser importante tocarmos em diversos assuntos relacionados ao longo dos próximos dias. O segundo assunto norteador desta obra são as escolhas e as consequências que elas terão em nosso presente e futuro.

Falaremos de outros temas também, pois existe um grande potencial nos jogos para diferentes análises. Mas chega de dar spoilers do conteúdo! Nosso desafio, em cada volume, é apresentar este fio condutor que possa conectar todos os textos, atribuindo-lhes um sentido para que não tenham uma relação direta com os livros que o antecederam ou ainda que não sejam textos devocionais "soltos".

Em terceiro e último lugar, utilizamos uma metodologia para o desenvolvimento de nossos projetos. O livro que você tem mãos contém 40 textos inéditos que relacionam aspectos teológicos e práticos com jogos de todas as gerações de consoles eletrônicos. Vamos conversar a respeito, e, para isso, elenco a seguir os pilares fundamentais desta metodologia.

2) ESTRUTURA DO LIVRO

Neste exemplar da nova trilogia dos 40 Dias, você vai encontrar:

2.1) O dia de sua jornada;

2.2) O jogo abordado;

2.3) Um texto bíblico que será a base para a reflexão do dia. Recomendamos que você memorize o versículo que abre cada um dos textos desta obra;

2.4) Uma análise do contexto de criação do jogo, quem foram seus criadores, qual a empresa desenvolveu, quando foi lançado e quais os principais números relacionados a ele, bem como uma explicação da mecânica do jogo e seu enredo, quando for o caso;

2.5) A partir desta introdução, elaboramos uma aplicação dos princípios do capítulo que podem trazer mais algumas referências bíblicas, quando necessário;

2.6) Um desafio diário para sua edificação e aplicação do conteúdo abordado.

3) COMO UTILIZAR ESTE LIVRO

3.1) MODO SEQUENCIAL

Para que sua experiência seja a melhor possível, nossa recomendação é que você leia um texto por dia, reservando em sua agenda o melhor horário para esta tarefa, de acordo com a sua rotina. Separe estes 40 dias para um tempo de consagração a Deus e priorize este tempo. Reveja o texto com calma, e procure ler o capítulo todo referente ao texto base do dia para compreender seu contexto, não deixando os desafios de fora. Eles são imprescindíveis para colocar em prática o que você acabou de ler. Levando este período com seriedade, com certeza você colherá muitos frutos de sua dedicação!

3.2) MODO GAMER

Este livro inaugura um novo modo de leitura: o modo Gamer! Nele, você não vai obedecer a sequência natural de textos, mas seguirá as orientações contidas no final de cada texto. Você encontrará três observações principais: o próximo dia em que você fará a leitura, o nível de dificuldade do desafio e o código secreto referente a este dia. Por exemplo, ao ler o devocional do Dia 01 sobre River Raid, o modo Gamer enviará você para a leitura do Dia 05, no texto sobre o jogo Enduro. Existe um código que precisa ser decifrado em todos os 40 Devocionais, por isso você precisa prestar atenção em seguir a sequência de leitura indicada no modo Gamer. Ao todo, serão 04 níveis de dificuldade, contendo dez textos cada. A dificuldade está distribuída nos seguintes níveis: Fácil, Médio, Difícil e Extremo. Em cada nível, existe um código que precisa ser decifrado pois eles ocultam quatro mensagens distintas. No final deste livro, você encontra ajuda para que consiga concluir este desafio. A primeira ajuda será composta por dicas, para que você encontre sozinho a resposta. Na segunda página, você encontrará o gabarito para decodificar a mensagem e, se mesmo assim precisar de mais ajuda, na terceira página você encontrará as respostas. Mas minha dica para você aproveitar esta experiência é tentar desvendar os códigos sem consulta!

Seu feedback é muito importante para sabermos se devemos continuar com elementos de *gamificação* nos próximos volumes desta nova trilogia, pois estamos ampliando esta experiência para os próximos livros, a fim de tornar-se ainda mais incrível. Neste volume, usamos algumas técnicas de *gamificação*, uma tendência no ramo da educação e dos treinamentos, em especial no período em que todos migraram da educação presencial para a *online* em virtude da pandemia do Corona Vírus. Este conceito consiste em utilizar elementos de jogos para motivar e facilitar a aprendizagem dos alunos ou dos leitores, no nosso caso. Há algum tempo tenho estudado a respeito desta ferramenta nos cursos de pós-graduação em que sou professor, e achei que a temática deste livro seria a oportunidade perfeita para introduzir esta ideia a vocês, caríssimos leitores. Caso gostem da experiência, vamos aprofundar nos próximos livros com o objetivo de transformá-los em verdadeiros jogos. Podemos dizer que nosso jogo neste livro é apenas uma amostra grátis do que vem por aí!

3.3) GRUPOS PEQUENOS

Você também pode utilizar este material em seu grupo pequeno, célula, grupo familiar, escola bíblica dominical ou ainda discipulado coletivo. Para ativar esta função em seu livro, use o Devocional todas as semanas da seguinte maneira:

- Efetue a leitura completa do texto;
- Incentive cada participante a comprar o seu exemplar, para que seu estudo semanal seja mais profundo;

- Peça para o grupo te auxiliar, através da leitura de pequenos trechos da lição, em especial os textos bíblicos;

- Após a leitura do material, apresente ao grupo as seguintes questões abaixo;

- Conversem sobre o Desafio do dia e veja como é possível realizar e incentivar o grupo a cumpri-lo;

- Durante a semana, peça para o grupo ler mais vezes o texto com o foco em seu princípio teológico.

Existem testemunhos com relação ao texto da semana passada?
Você consegue identificar-se com os elementos da personalidade do personagem de hoje?
Como você pode colocar em prática o conhecimento adquirido nesta semana?
O que mais chamou a sua atenção do texto de hoje?
Quais são as áreas abordadas hoje que geram mais dificuldade em sua vida espiritual?

Este passo a passo é uma adaptação, com o objetivo de auxiliar aqueles que queiram utilizar este Devocional em seu grupo pequeno. Antes de mais nada, sempre converse com o pastor titular de sua igreja sobre este conteúdo. Mostre a ele o livro e a fundamentação teórica, para que você possa auxiliá-lo em seu trabalho na igreja local. Você trabalha para Deus, auxiliando no trabalho que eles executam nesta geração. A nossa oração é que você e seu grupo alcancem novos níveis de maturidade espiritual por meio desta jornada!

4) ESTRUTURA DE 40 DIAS

"Mas por que 40 dias?", você poderia perguntar. "Por que não fazer um livro com 30 ou 60 dias de devocionais?" A resposta é simples: em diversas passagens, a Bíblia apresenta homens que dedicaram 40 dias de suas vidas para períodos de jejum e oração, tanto no Antigo quanto no Novo Testamento. Não é só uma relação exata de número de dias, mas sim um período de dedicação que uma pessoa realiza, preparando-se para algo novo que está para acontecer. Por isso, escolhemos 40 devocionais, na expectativa de que esta experiência seja um divisor de águas em sua jornada de descobrimento de Deus. Entre as passagens bíblicas que falam sobre este número e a sua relação com a novidade de vida, podemos citar:

Gênesis 7:4-12 – O Dilúvio durou 40 dias e 40 noites;
Êxodo 24:18 – Moisés subiu ao Monte Sinai e permaneceu 40 dias e 40 noites na presença de Deus;
Números 14:33 – O tempo de peregrinação do povo de Israel no deserto foi de 40 anos;
Mateus 4:2 – Jesus jejuou 40 dias no deserto para iniciar seu ministério.

Mais uma vez, não é uma numerologia, mas o propósito em buscar a Deus durante um período de tempo específico que, muitas vezes, postergamos e deixamos para mais tarde, ao invés de começar de alguma forma. Que este livro seja o incentivo que faltava para você alcançar, nesta jornada de 40 dias, um novo tempo em sua jornada espiritual. Não é o livro que trará o novo de Deus a você, mas sim suas expectativas e entrega ao Senhor neste tempo especial. Talvez você já tenha tentado outras vezes e se sinta frustrado por não ter conseguido terminar um propósito como este na presença de Deus. Peça a Ele por força, pois Ele te capacitará e estará contigo durante todos estes dias!

5) COMPARTILHE SUA EXPERIÊNCIA

Quando compartilhamos nossas experiências, temos uma chance muito maior de concluir nossa jornada. Por isso, sugerimos que você tire uma foto ou grave um vídeo de cada um dos 40 dias e publique em seu Instagram, marcando os nossos perfis:

@parabolasgeek,

@editoracemporcentocristao

@eduardo_medeiros_oficial

Publique em seus stories ou no seu feed com as tag's exclusivas de nossos projetos: **#40DiasnomundodosGames #DevocionalPop #Editoracemporcento #ParabolasGeek** para que possamos divulgá-las a todos os que estão juntos com você neste propósito! A sua perseverança pode incentivar alguém que esteja precisando da mesma experiência!

6) FUNDAMENTAÇÃO TEÓRICA SIMPLIFICADA

A ideia central deste Devocional é bastante simples e, com certeza, você caríssimo leitor perceberá isso durante a sua leitura diária do conteúdo proposto. Nele, você encontrará uma infinidade de assuntos abordados pela teologia. Para escrever a respeito de tantos assuntos, abordamos a teologia inter denominacional, fruto de nosso trabalho universitário. Utilizamos diferentes autores e materiais para construir os 40 textos que compõem este livro e, embora todos os textos tenham início, meio e fim, o conjunto desta obra procura mostrar aspectos práticos do discipulado cristão, bem como fornecer subsídios, a partir da Bíblia, para que possamos fazer as melhores escolhas em nossas vidas.

Minha expectativa pessoal é que, ao final desta obra, você compreenda que não é possível viver um cristianismo solitário. O nosso crescimento espiritual está atrelado necessariamente ao nosso relacionamento com outros irmãos e irmãs em Cristo. Ao mesmo tempo em que precisamos ser discipulados por cristãos mais experientes, também precisamos ser instrumentos nas mãos de Deus, à disposição dos mais novos na fé. Todos nós temos algo a oferecer que pode ajudar a outros, começando pelo nosso testemunho, e passando pela nossa capacidade de aplicar o Evangelho em nossas vidas.

O projeto Parábolas Geek, que resultou neste e nos demais livros desta franquia, está pautado em três pilares principais, que explicaremos rapidamente:

6.1) O PAPEL DA CULTURA SECULAR NO REINO DE DEUS

No Novo Testamento, temos um interessante diálogo entre o apóstolo Paulo e os intelectuais gregos, no Areópago em Atenas:

"Então Paulo levantou-se na reunião do Areópago e disse: "Atenienses! Vejo que em todos os aspectos vocês são muito religiosos, pois, andando pela cidade, observei cuidadosamente seus objetos de culto e encontrei até um altar com esta inscrição: AO DEUS DESCONHECIDO. Ora, o que vocês adoram, apesar de não conhecerem, eu lhes anuncio". Atos 17:22,23 NVI

Paulo passa um período em Atenas aguardando a chegada de Silas e Timóteo, que haviam permanecido em Beréia. Ele fica indignado com a idolatria na cidade e, no texto acima, descobre que um dos deuses do panteão grego poderia ser usado para pregar o Evangelho de Cristo. Por meio de um elemento da cultura local, o apóstolo atingiu o cerne da mensagem da salvação para aquele povo. O final da sua pregação mostra que, embora alguns tenham zombado dele, outros ficaram intrigados com sua metodologia e desejaram ouvi-lo ainda mais.

Por muitas décadas, os cristãos entregaram o controle, o domínio e o governo de diversas áreas da sociedade ao nosso inimigo. Uma frase típica que ouvimos por muito tempo era de que *"a política, o dinheiro e a TV eram do diabo"*, demonstrando uma tendência que predominou na igreja brasileira até pouco tempo atrás. Hoje percebemos o resultado deste desinteresse ou falta de entendimento de que o Reino de Deus é muito mais amplo do que as paredes de nossas igrejas. A política está mergulhada num caos moral, a programação televisiva transmite princípios contrários à Palavra de Deus, e a falta de preocupação com os estudos levou às posições de influência pessoas que não entendem da sabedoria bíblica para liderar pessoas. Em resumo, como igreja, entregamos posições estratégicas ao inimigo por falta de interesse e até mesmo egoísmo em nos preocupar apenas com o nosso bem-estar, enquanto o mundo ao nosso redor estava ruindo.

Graças a Deus por vermos em nosso tempo presente diversos movimentos que caminham na contramão deste pensamento. Jovens compreendendo que seu chamado é muito maior do que apenas ser salvo da condenação eterna, mas que devem fazer a diferença em sua faculdade, trabalho e família. É tempo de restabelecer o senhorio de Cristo em nossa sociedade com inteligência e sabedoria. Não mais através de palavras, mas de atitudes que representem o Reino para o qual trabalhamos como embaixadores!

Acredito ser importante aproximar o Evangelho da sociedade em que estamos inseridos, sem abrir mão dos princípios bíblicos. Este é um exercício que demanda criatividade e pesquisa, pois é necessário procurar entender o tempo e a cultura em que vivemos. Este livro é uma tentativa de mostrar a possibilidade de aliar aquilo que consumimos como entretenimento aplicando princípios do Reino de Deus, pois a cultura não precisa ser inimiga da igreja, quando utilizada ao nosso favor.

6.2) METODOLOGIA DE ENSINO DE CRISTO

O segundo preceito diz respeito a um recurso didático muito utilizado por Jesus Cristo em Seu ministério terreno: *as Parábolas*. Gosto muito de uma definição que ouvi certa vez a respeito, que diz que, ao usar uma parábola ou uma alegoria, trazemos conceitos complexos do Reino de Deus para perto das pessoas. Separei alguns textos que mostram a importância que nosso Senhor dava a estas práticas.

"Jesus falou todas estas coisas à multidão por parábolas. Nada lhes dizia sem usar alguma parábola". Mateus 13:34

"Ele lhes ensinava muitas coisas por parábolas, dizendo em seu ensino". Marcos 4:2

"Com muitas parábolas semelhantes Jesus lhes anunciava a palavra, tanto quanto podiam receber". Marcos 4:33

A sociedade de Jesus no século I era essencialmente agropastoril, portanto, estavam acostumados ao trabalho com animais e agricultura. Cristo os ensinava com elementos que qualquer trabalhador estava familiarizado, como uma ovelha perdida, um grão de mostarda, uma moeda corrente, entre outros exemplos. Concordo com a premissa de que, quanto mais sábio um ser humano, mais ele consegue traduzir o que precisa ensinar por meio das mais diversas estratégias, de maneira a ser compreendido por aqueles que o ouvem ou leem. Jesus é a sabedoria encarnada, por isso a sua estratégia de ensino era tão eficiente.

Muitos jovens de nossos dias não conhecem um grão de mostarda ou quanto valeria um talento, mas com certeza conhecem ou já jogaram Pac-Man, Sonic, Subway Surfers ou Fortnite. Partindo desta ideia, procuramos atualizar o conceito das Parábolas para a realidade da juventude do século XXI. Ao fazer isso, utilizamos o mesmo recurso didático que o Mestre usou, apenas atualizando e aproximando os objetos da pesquisa, escrevendo parábolas contemporâneas para oferecer uma nova roupagem aos textos bíblicos.

6.3) APRENDIZAGEM DO LEITOR

Alguém disse certa vez que o ignorante aprende errando, o inteligente aprende com os próprios erros e o sábio com os erros dos outros. Neste sentido, tudo em nossa vida pode ser um grande aprendizado. Podemos aprender bons princípios com heróis e também o que **não** devemos fazer quando observamos a conduta dos vilões. De uma maneira, ou de outra, estamos aprendendo.

Esta maneira de enxergar a vida, como um grande aprendizado, é simplesmente libertadora, pois entendemos que tudo acontece com o propósito de nos levar ao crescimento e ao amadurecimento. Por isso, melhor do que excluir as experiências negativas que tivermos ao longo de nossa caminhada, devemos aprender com elas e seguir em frente, pois conforme o autor de Eclesiastes nos informa: *"Para tudo há uma ocasião, e um tempo para cada propósito debaixo do céu" Eclesiastes 3:1.*

Ou seja, estes três elementos explicam o mecanismo teórico no qual nos baseamos para a escrita deste livro:

O papel da cultura secular no Reino de Deus;
A metodologia de ensino de Jesus;
A possibilidade de aprender com diferentes experiências.

A minha oração é que você encontre muito mais que histórias nas páginas que seguem, mas ferramentas úteis para uso em sua vida cristã. Aplique cada texto em sua vida, em sua realidade, para que você não se reconheça mais ao término da leitura, tamanha a transformação de vida que experimentará!

Espero que você esteja preparado ou preparada para a jornada que se inicia diante de seus olhos!

"Todavia, como está escrito: "Olho nenhum viu, ouvido nenhum ouviu, mente nenhuma imaginou o que Deus preparou para aqueles que o amam"; 1 Coríntios 2:9

Você está na terra, mas não pertence a este lugar!

7) INTRODUÇÃO AO VOLUME IV

A minha experiência com o mundo dos videogames começou muito tempo atrás. O primeiro console com o qual tive contato foi o saudoso *Atari 2600*, que me trouxe muitas horas de entretenimento e diversão com clássicos como *Enduro*, *River Raid*, *Pitfall* e *Space Invaders*, entre tantos outros "cartuchos", palavra esta que talvez nunca mais usaremos em nossa história.

Algum tempo depois, tive acesso ao *Master System* e assisti a chegada dos 8 bits, por meio de jogos como *Alex Kidd*, *Summer Games* e *Double Dragon*, que foram apenas alguns jogos que tive o prazer jogar em minha infância.

O tempo passou, e meu próximo console foi o *Super Nintendo*, com outro salto de qualidade gráfica e rapidez de processamento, agora com a geração dos 16 bits. *Super Mario World*, *Contra III* e *Donkey Kong* ofereceram diversão e entretenimento, enquanto *Chrono Trigger* e *Final Fantasy III* me ensinaram a ler em inglês para compreender os diálogos dos maravilhosos RPG's.

A próxima etapa de meu contato com os consoles aconteceu em uma nova fase de minha vida. Durante a era das *lan houses*, eu e mais uma legião de adolescentes íamos até as muitas salas disponíveis para gastar uma ou duas horas jogando incríveis títulos com gráficos incomparáveis até então. Lembro-me de que esperava na fila para poder jogar os lançamentos do *Playstation I*.

O tempo passou e chegou a hora de auxiliar no trabalho de casa. Consegui meu primeiro emprego, tinha que ajudar nas despesas domésticas e com o saldo de meu primeiro salário, comprei o console. Como foi bom poder comprar meu próprio videogame! Neste dia descobri talvez o maior paradoxo do mundo gamer: "*Quando temos tempo para jogar, não temos dinheiro para comprar os jogos. Quando temos o dinheiro para comprar os jogos, não temos mais tempo para jogar.*"

Alguns anos depois deste momento, veio o matrimônio, concedendo-me o privilégio de casar com a mulher mais linda de todo o mundo, e uma nova etapa de minha jornada pessoal foi acompanhada pelos videogames. Desta vez, através de um *X-Box 360*, que minha esposa ganhou em um concurso cultural de uma famosa marca de refrigerantes. Este videogame nos acompanha há bastante tempo e presenciou outras mudanças, não apenas em minha vida, mas também no mundo. Uma das principais foi poder assistir TV de uma maneira quase inimaginável para alguém que era cliente assíduo de locadoras de filmes. A partir da chegada da *Youtube* e *Netflix*, além de outras plataformas de streaming, o videogame deixou de ser apenas um console para jogar e se transformou em um centro de entretenimento para toda a família!

Tive a alegria de jogar sagas incríveis neste console como *Assassin's Creed*, *Red Dead Redemption*, *Skyrim*, todos os jogos da saga *Arkham* do *Batman*, *Gears of War*, *Star Wars: The Force Unleashed II*, entre tantos e tantos outros de minha lista especial de jogos.

A mudança mais recente em minha vida aconteceu em 2014, quando meu filho nasceu e, desde então, reestruturei os jogos possíveis de serem jogados em sua presença. Hoje com seis anos, apresentei-lhe o mundo de *Sonic* e dos diversos jogos *Lego*.

Não falei sobre a fase dos fliperamas ou ainda dos jogos na palma da mão com o *tablet* ou com o *celular*, mas fica para outra oportunidade. Gostaria de compartilhar com você o que aprendi em minha jornada como um *gamer* amador, como milhões e milhões ao redor do mundo. Hoje já atuando como pastor, é possível destacar alguns princípios úteis em minha caminhada com Cristo que talvez possam ajudar você, caríssimo leitor e caríssima leitora.

Em primeiro lugar, os videosgames foram testemunhas oculares de minha vida e acompanharam cada etapa e mudança que aconteceu ao longo de minha jornada. Como alguém que sempre foi introvertido, os jogos foram amigos em momentos de solidão, de maneira especial após a separação de meus pais, quando tinha 10 anos de idade.

Todas estas lembranças boas que tenho dos consoles e dos jogos que joguei ao longo da vida, hoje me ajudam a fazer um paralelo da revelação que tive quando aceitei a Cristo, aos 22 anos de idade. Desde então, descobri nas Escrituras, mas principalmente em minha vida cotidiana, que nunca estamos sozinhos, pois temos um Deus que nos acompanha e nos protege em todas as estações de nossas vidas. A Bíblia no assegura que:

"Este é o Deus cujo caminho é perfeito; a palavra do Senhor é comprovadamente genuína. Ele é um escudo para todos os que nele se refugiam". Salmos 18:30

Talvez você que está lendo estas palavras seja introvertido, não tenha muitos amigos, como eu. Saiba que você tem acesso ao melhor amigo aí mesmo onde está neste exato momento. Cristo é um amigo fiel que não muda de humor, ou que nos abandona quando menos esperamos. Tenha alguém imutável ao seu lado para vencer todas as fases de sua vida. Sobre Jesus Cristo, nós lemos na Bíblia:

"Jesus Cristo é o mesmo, ontem, hoje e para sempre". Hebreus 13:8

Em segundo lugar, os jogos mais antigos eram muito mais difíceis que os atuais, e isso não é uma crítica aos mais recentes, de maneira nenhuma. Eles enfatizam o conceito de mundo aberto, com missões secundárias, conquistas e narrativas incríveis que colocam o jogador "dentro da história". Os novos títulos transformaram a ideia de que o único objetivo é "zerar o jogo", derrotando o inimigo da última fase, conhecido popularmente como "último chefão".

Vidas limitadas, que decretavam o final da jornada, levavam adolescentes à loucura, à medida em que era necessário praticamente decorar cada tela da fase para gastar as vidas nas fases desconhecidas. Desta forma, através da repetição e do fracasso constante, caminhávamos e avançávamos nos jogos e todo este processo nos tornava melhores jogadores, mais habilidosos e preparados para encarar desafios cada vez mais difíceis.

Tudo isso se assemelha muito à vida real deste lado da tela. A realidade não tem "continue". Temos apenas uma única vida para passar por todas as fases e etapas de nossa existência. Se dependermos apenas de nós mesmos, sinceramente, seremos péssimos jogadores. Em uma situação como esta, o mais adequado é colocar o controle nas mãos de um jogador experiente e seguro, que conheça muito bem os mapas pelos quais o personagem terá que passar. Por esta razão, entregue o controle de sua vida nas mãos de Cristo, que morreu e ressuscitou para que pudéssemos ter acesso ao final do jogo: uma eternidade junto a Deus!

"E se eu for e lhes preparar lugar, voltarei e os levarei para mim, para que vocês estejam onde eu estiver". João 14:3

Já os novos *gamers* descobriram que "zerar" um jogo é apenas a ponta do iceberg rumo a "platinar" este mesmo jogo, esgotando só assim tudo o que ele pode oferecer ao jogo. Platinar é realizar diversas pequenas conquistas para que, ao final, seu feito fique registrado em uma lista, que é o hall da fama pessoal de cada jogador.

Esta nova maneira de jogar videogame pode nos ensinar muito sobre as escolhas ao longo de nossas vidas. Por um lado, temos uma missão dada por Deus e devemos cumpri-la. Qual missão é esta?

"Ame o Senhor, o seu Deus, de todo o seu coração, de toda a sua alma, de todo o seu entendimento e de todas as suas forças; o segundo é este: 'Ame o seu próximo como a si mesmo'. Não existe mandamento maior do que estes". Marcos 12:30

As missões secundárias dos jogos de mundo aberto podem representar desvios e distrações que todos nós cometemos, em algum grau. Por outro lado, podem também representar o papel da felicidade pessoal. A sociedade aponta que o correto é gastarmos nossas vidas na busca por grandes conquistas para, então, encontrarmos a felicidade. Já a Bíblia aponta para a felicidade nas pequenas coisas, através do contentamento, como por exemplo:

"De fato, a piedade com contentamento é grande fonte de lucro, pois, nada trouxemos para este mundo e dele nada podemos levar; por isso, tendo o que comer e com o que vestir-nos, estejamos com isso satisfeitos". 1 Timóteo 6:6-8

Outra fonte bíblica de felicidade é a família:

"Uma esposa exemplar; feliz quem a encontrar! É muito mais valiosa que os rubis". Provérbios 31:10

"Os filhos são herança do Senhor, uma recompensa que ele dá". Salmos 127:3

Por fim, ajudar o nosso próximo é uma poderosa fonte bíblica de felicidade:

"Lembrando as palavras do próprio Senhor Jesus, que disse: 'Há maior felicidade em dar do que em receber'". Atos 20:35

A nossa vida é composta por pequenas porções de felicidade que aparecem todos os dias. São as pequenas conquistas do jogo da vida que fazem com que possamos extrair beleza de todos os momentos de nossas jornadas, incluindo os grandes desafios que viermos a passar.

Que Deus abençoe você em todas as fases, nas fáceis e nas difíceis! Quando um grande desafio chegar, não se esqueça, Jesus já zerou o jogo!

"Eu lhes disse essas coisas para que em mim vocês tenham paz. Neste mundo vocês terão aflições; contudo, tenham bom ânimo! Eu venci o mundo". João 16:33

AVISO IMPORTANTE

MODOS DE LEITURA E CÓDIGOS SECRETOS

Este livro é diferente de tudo o que você já conhece sobre nossa série de livros "40 Dias". Para começar, existem duas maneiras de trilhar esta jornada comigo. A primeira é a leitura sequencial, iniciando no dia 01 e concluindo no dia 40. A segunda forma, a mais legal na minha opinião, é o modo Gamer de leitura. Ao final de cada Devocional, você encontra qual é o próximo texto que precisa ler, bem como um código secreto que precisa ser descoberto por você!

Existem quatro níveis de códigos neste livro: Fácil, Médio, Difícil e Extremo. Cada um deles é composto por dez Devocionais e escondem uma mensagem, que pode ser uma frase ou uma palavra. No final deste livro, você encontra um espaço para decodificar os códigos secretos e vencer o modo Gamer deste "40 Dias".

Caso precise de ajuda para resolver os enigmas, no final do livro, damos algumas dicas a você!

Agora, sem mais delongas, bora jogar?

DIA 01

RIVER RAID

"Não se deixem enganar: de Deus não se zomba. Pois o que o homem semear, isso também colherá".
Gálatas 6:7

River Raid é um clássico dos jogos de tiro, criado para o console *Atari 2600*, que trouxe diversas inovações em seu nicho de atuação. Em primeiro lugar, foi criado por uma mulher, Carol Shaw, em pleno 1982, quando o mundo nerd tinha uma presença preponderantemente masculina. Além disso, ele revolucionou a categoria de jogos de tiro, pois, até então, o único movimento possível era o horizontal – mas neste jogo, o avião controlado pelo jogador podia avançar na vertical, acelerar e recuar.

O enredo do jogo era bastante simples, pois o jogador controlava um avião que atravessava um rio enfrentando navios, helicópteros e outros aviões, além de ter que desviar de cânions, conforme a velocidade ia aumentando. Outro elemento importante do game era a necessidade de abastecimento do avião, para que não caísse por falta de combustível.

River Raid faz parte de um grupo muito especial de 13 jogos do *Atari 2600*, que vendeu mais de 1 milhão de cópias em sua história, mostrando o poder deste console, que muitos de vocês que estão lendo este texto nunca viram.

Existe um detalhe que é bastante comum nos jogos do *Atari*, tendo em vista a limitação que esta geração de consoles tinha em capacidade de processamento, que é o elo de conexão para o devocional de hoje. River Raid possui um mito relacionado ao final do jogo. Como vai ficando mais difícil conforme o tempo passa, poucas pessoas conseguiram chegar ao seu final, criando-se, assim, algumas lendas com relação ao que aconteceria no fim do jogo. Porém, a realidade é bastante frustrante: ao atingir a marca de 999.999 pontos, o avião simplesmente explode. Ou seja, aquilo que você passou o jogo todo tentando evitar, é exatamente o que acontece em seu fim!

Não sei qual a intenção dos produtores ao criar este final. Talvez possa ser uma crítica às guerras, pois não existem vencedores, de fato, no campo de batalha. Seja como for, este contexto me levou a refletir sobre um aspecto importante de nossa jornada na terra para iniciarmos estes 40 Dias.

Deixando de lado a ideia de dualidade entre o bem e o mal, o aviador de River Raid semeou destruição ao longo de sua aventura pelo rio e acabou colhendo a sua própria destruição no final.

No Reino de Deus, existe uma regra que está destacada em nosso texto base de hoje e chama-se Lei da Semeadura e da Colheita. Esta regra diz que tudo o que plantarmos, também colheremos. Assim, o início de nossa jornada começa com uma reflexão a respeito de que tipo de semeadura temos feito em nossas vidas e nas vidas das pessoas ao nosso redor. Da mesma forma como é impossível colher abacaxis plantando melancias no campo, nós não podemos colher bondade, se plantarmos a maldade na vida das outras pessoas. Por esta razão, precisamos tomar cuidado com nossas escolhas diárias, pois esta lei nos atinge em todas as áreas. Devemos buscar em nossas orações e atitudes um caráter de acordo com a Palavra de Deus. Ao longo dos próximos 40 dias, trataremos deste assunto em diferentes aspectos!

Posso contar com você? Caso queira entrar comigo nesta jornada, assine o termo de compromisso na próxima página para demonstrar a seriedade deste tempo separado para você e Deus. Nos vemos amanhã!

Desafio: a Lei da Semeadura e da Colheita precisa ser compreendida na prática em nossas vidas. Neste sentido, vamos iniciar nossa jornada semeando boas sementes na vida de pessoas de nossa vizinhança. Converse com seus pais e peça que o ajudem a procurar alguém nas redondezas de sua casa a quem você possa ajudar de alguma forma. Pode ser tirar o lixo na casa de um idoso, reunir os jovens de sua igreja para pintar a casa de alguém, preparar alimentos para pessoas em situação de rua, enfim, as possibilidades são infinitas. Escolha sua semente e conte para nós como foi a sua experiência, usando a #40Diasnomundodosgames marcando o @parabolasgeek e a @editoracemporcentocristao no Instagram.

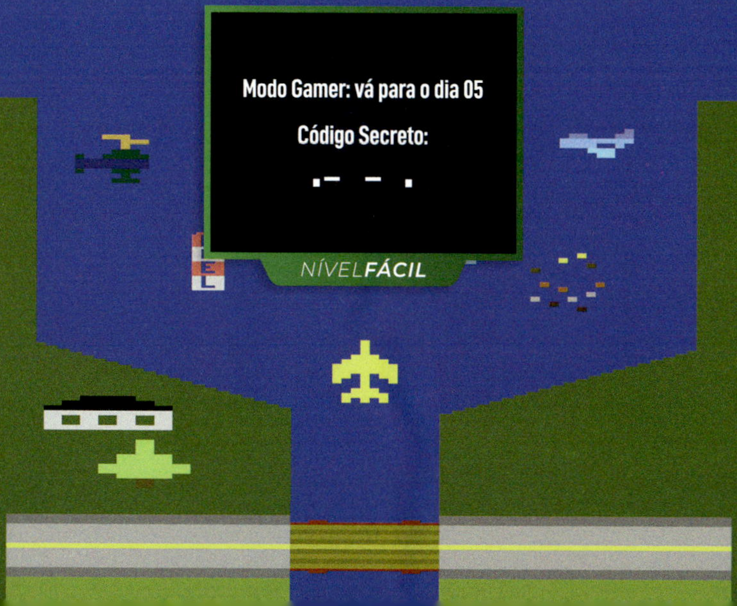

TERMO DE COMPROMISSO 40 DIAS NO MUNDO DOS GAMES

Eu, ____,

Nascido(a) em ____/____/____, morador(a) da cidade ____________________,

no estado do ____,

membro da Igreja ____,

abaixo assinado, comprometo-me a cumprir uma jornada de 40 Dias no mundo dos Games, junto com o pastor Eduardo Medeiros.

Este termo é um lembrete de meu compromisso para que, sempre que eu desanimar ou pensar em desistir, recorde do termo que assinei e continue esta jornada até o fim.

Compreendo que este tempo será muito importante para meu crescimento espiritual, por isso quero priorizar os próximos 40 Dias para mergulhar na Palavra de Deus, através deste Devocional.

Quero também que um responsável ou amigo chegado possa cobrar se estou cumprindo este propósito – e concedo-lhe autorização para perguntar como estou indo e também para me encorajar a continuar até o fim. Por isso, ele ou ela também assinam este compromisso, como testemunha de meu propósito.

Ciente deste compromisso, eu assino abaixo:

____

Minha assinatura

____

Testemunha autorizada a me cobrar e ajudar nesta jornada

DIA 02

TOP GEAR

"Tenham cuidado com a maneira como vocês vivem; que não seja como insensatos, mas como sábios, aproveitando ao máximo cada oportunidade, porque os dias são maus".
Efésios 5:15-16

Top Gear foi lançado no ano de 1992 para o console *Super Nes*, desenvolvido pela empresa *Gremlins Graphics* e distribuído pela *Kemco*. O seu bom desempenho deu origem a uma franquia de jogos de corrida que leva o mesmo nome. Como em todo bom jogo do gênero, o objetivo é ser o piloto mais rápido do mundo, em um torneio que acontece em diversos países.

O detalhe que mais chamou a atenção dos jogadores na época de seu lançamento, além da jogabilidade, com certeza foi a trilha sonora do jogo, que era revolucionária. Os *retrogamers* saudosistas com certeza lembram-se das músicas com bastante carinho, de maneira especial os jogadores brasileiros, país em que o jogo fez muito sucesso. As músicas foram compostas por Barry Leitch que, em sua visita ao Brasil, contou algumas curiosidades sobre este projeto. Segundo o compositor, os desenvolvedores da *Gremlins* deram-lhe uma semana para compor as músicas do jogo. Como era um novo console, com uma nova

configuração do sistema de áudio, ele teve dificuldades para compreender a dinâmica do *Super Nintendo*, pois os manuais não estavam disponíveis em inglês. Em três dias, ele conseguiu compor a primeira música, chamada *Mad Race*.

Com poucos dias restantes, Barry fez o que costumamos chamar de autoplágio. Ele havia composto músicas de outros jogos de corrida para PC, chamados *Lotus Esprit Turbo Challenge 1 e 2*, para a mesma produtora. Ele, então, apenas transferiu as músicas para o novo projeto e fez mudanças pontuais na trilha sonora. A semelhança nas músicas é nítida em ambos os projetos.

Anos mais tarde, Barry produziu a trilha sonora daquele que ficou conhecido pelos jogadores como o "sucessor espiritual" de Top Gear, chamado *Horizon Chase Turbo*, lançado em 2018 para o *Play Station 4*. A história da produção das músicas deste clássico pode nos render um excelente devocional para nossa reflexão conjunta!

O primeiro ponto tem relação com a oportunidade que lhe foi dada para criar a trilha sonora. Uma chance maravilhosa, mas com o ônus que aumentou em várias vezes a dificuldade de cumprir o que foi proposto: um prazo extremamente curto para a conclusão do trabalho.

Uma frase de meu pastor Edson Mariano tem impactado a minha vida desde a primeira vez em que a ouvi: **oportunidades têm prazo de validade**. As oportunidades aparecerão e precisamos estar preparados para quando elas surgirem. Uma das ocasiões em que isso foi realidade em minha vida foi quando participei de um Congresso de Cultura Pop e Cristianismo em Belo Horizonte, no ano de 2016. Neste período, o Parábolas Geek já existia há três anos e vi neste evento uma oportunidade de apresentar o trabalho que estávamos desenvolvendo. Por via das dúvidas, levei todas as parábolas que já havia escrito ao longo dos últimos anos impressas e encadernadas para o caso de poder apresentar o projeto de um devocional geek cristão para alguém neste evento.

Chegando lá, conheci os sócios da Editora 100% Cristão, Sinval e Wilson, que também participaram do evento. Tive a oportunidade de jantar com eles e apresentar a minha ideia. Mostrei o meu compilado de textos e este foi o protótipo do Devocional Pop, o livro que lançaríamos um ano depois, em 2017. Eu tinha um sonho e a oportunidade surgiu. Se eu dissesse que tinha uma ideia de um dia escrever um livro devocional e não apresentasse algo concreto, simplesmente não teria lançado absolutamente nada. Tenho conversado nos últimos anos com muitos jovens que dizem ter ideias maravilhosas para livros ou projetos que, com certeza, abençoarão o Reino de Deus em sua geração. Porém, quando pergunto onde está o material para poder ler, a resposta que eu mais ouço é que ainda é uma ideia, mas um dia pretendem tirá-la do papel. As oportunidades têm um prazo de validade, portanto esteja preparado para elas!

O compositor de *Top Gear* tinha sete dias ao todo para um projeto muito difícil. Ele só conseguiu concluir porque já possuía músicas de outros games que foram aproveitadas para o novo jogo de corrida do *Super Nes*. Da mesma forma, se estamos aguardando uma oportunidade em uma área que queremos muito nos desenvolver, precisamos nos preparar. Ministério? Cumpra os requisitos que sua denominação exige para isso! Carreira profissional? Faça cursos e aperfeiçoe suas habilidades! Relacionamento familiar? Deixe o celular de lado e aprofunde os laços com seus pais, irmãos ou filhos!

O grande problema é quando o projeto habita apenas em nossa mente, sem que façamos nada para que o nosso desejo se torne realidade. Não se esqueça de que uma ideia na cabeça, sem nenhum plano para a colocar em prática, por melhor que seja, continua sendo apenas uma ideia.

O segundo elemento que a história de Barry Leigth pode nos ensinar tem relação com o jogo mais recente de 2018, *Horizon Chase Turbo*, que é considerado o "herdeiro espiritual" (seja lá o que isso signifique) de *Top Gear*. O fator mais interessante é que o próprio jogo teve continuações como *Top Gear 2*, *Top Gear 3000*, *Top Gear Rally 1 e 2*, entre outros, mas o novo jogo, criado por um estúdio brasileiro, foi reconhecido pelos fãs do clássico de 1992. Isso pode nos levar a compreender um conceito que será muito tratado ao longo deste devocional: o discipulado e o legado espiritual. Deus nos chamou para sermos influenciadores da sociedade em nossa geração. Esta influência precisa tocar uma pessoa de cada vez, por meio de nosso exemplo como cristãos que sejam, de fato, imitadores de Cristo. Quanto mais próximos de Jesus, mais podemos fazer a diferença em nosso meio. O discipulado cristão nos levará a ter "herdeiros espirituais", que serão reconhecidos a partir de nossa vida.

Compartilhe o seu testemunho e invista parte de seu tempo na vida de outras pessoas. Você deixará um legado que permanecerá na terra... mesmo após a sua morte. Isso é o mais próximo da imortalidade que poderemos chegar nessa terra!

Desafio: você é uma pessoa que aproveita as oportunidades? Separe um tempo neste dia para refletir sobre a sua vida até este momento. Quais são os seus objetivos para os próximos anos? Ore a Deus a este respeito, para que suas escolhas sejam guiadas por Ele, que o conhece muito melhor do que seus pais ou você mesmo. Mas, além de orar, faça um planejamento do que você precisa fazer para alcançar estes objetivos. Aprender uma nova língua? Trabalhar para guardar determinada quantia e, assim, pagar um curso ou uma viagem? Esteja preparado ou preparada para as oportunidades, pois elas têm prazo de validade!

Modo Gamer: vá para o Dia 06

Código Secreto:

NÍVEL**MÉDIO**

DIA 03

MINECRAFT

"Pois desde a criação do mundo os atributos invisíveis de Deus, seu eterno poder e sua natureza divina, têm sido vistos claramente, sendo compreendidos por meio das coisas criadas, de forma que tais homens são indesculpáveis". Romanos 1:20

O ditado popular "nunca diga nunca" poderia muito bem se aplicar à minha experiência de hoje. Confesso que, observando de longe, o jogo com um mundo em formato de blocos não me atraía nem um pouco. Como já conversamos, se você está lendo no modo Gamer, gosto muito de jogos *stealth* e *RPG's*. Mas, desde 2014, minha vida mudou de maneira avassaladora em todas as áreas, incluindo aquela em que eu reinava sozinho: no controle do videogame. Minha esposa, também conhecida como a mulher mais linda do mundo, Meiry, ganhou um *Xbox 360* em uma promoção de uma famosa marca de refrigerantes em 2011. Como os únicos jogos que ela gosta são os da franquia *Guitar Hero* e *Need For Speed*, ela não costumava jogar muito. Não que eu jogasse tanto também, pois, trabalhando de segunda à sexta, exercendo a liderança de jovens todos os finais de semana e tendo um doutorado para realizar, aproveitávamos o pouco tempo livre para passear e realizar programas de casal.

Em 2014 nasceu nossa herança, Joshua, o menino mais esperto que já pisou na terra. Se você é pai ou mãe, pode discordar de minha opinião, eu não vou ficar bravo! Recentemente, muito em função da quarentena e do isolamento que a crise do Coronavírus nos impôs, deixamos nosso filho jogar mais do que o que estávamos acostumados, pois estar trancado em um apartamento com uma criança de cinco anos é um desafio para a nossa criatividade. Divido o controle com ele e, alguns meses depois, passei a ser cada vez menos requisitado para ajudar a passar de fases difíceis. A triste constatação, enfim, havia chegado: passei o meu controle para a próxima geração de gamers da família! Dentre os jogos que ele mais gosta está *Minecraft* e, por causa disso, comecei a assistir e depois a jogar com ele no mundo de blocos. Confesso que gostei demais da experiência de ter o controle praticamente total de tudo o que se pode fazer nos mapas do jogo. Hoje jogamos juntos e dividimos as tarefas, seja nas construções ou no cuidado com os animais e plantações.

Talvez você não conheça este jogo, que é bastante recente perto de outros que já foram ou ainda serão abordados, dependendo do modo de leitura escolhido por você para esta jornada. Ele foi lançado originalmente em 2009, desenvolvido pelo sueco Markus Persson e uma equipe de programadores através da empresa *Mojang*, que foi comprada pela *Microsoft* em 2014. O jogo é um sucesso estrondoso que recentemente entrou para as estatísticas como o jogo mais vendido de todos os tempos, com aproximadamente 200 milhões de cópias vendidas nas mais diversas plataformas. Existe uma controvérsia entre esta informação e o recorde do jogo Tetris, mas não vamos entrar nesta questão. Existem cerca de 126 milhões de jogadores ativos em seus servidores, o que já é um motivo para muita comemoração, pois as constantes atualizações do jogo oferecem novas experiências que fidelizam e retém os *minecrafters* jogando sozinhos ou *on line*. Além disso, existe uma convenção anual sobre o jogo, a *Minecon*, que recentemente foi rebatizada como *Minecraft Live*, onde as mudanças e novidades são apresentadas para os fãs do mundo inteiro.

Este mundo é composto por blocos e pode ser explorado a partir da vontade do jogador. Não existem fases ou missões específicas para serem cumpridas, apenas um vasto mundo com diferentes biomas com os quais será necessário interagir e se adaptar para a sua sobrevivência. Você pode passar o tempo todo construindo sua casa com os recursos disponíveis, pode preparar uma grande plantação para sua alimentação com diferentes tipos de sementes, criar animais que ajudam em sua dieta ou, ainda, escavar no subterrâneo para encontrar diversos minérios como ouro, ferro e diamante.

Além do mundo superior, que é aquele em que se começa o jogo, existem mais duas dimensões distintas que são acessadas por portais que podem ser construídos: o *Nether* e o *End*. Neste último, habita um dragão, o *Ender Dragon*, ou Dragão do Fim. Após derrotar este inimigo, os créditos aparecem, mas o jogo continua indefinidamente após esta batalha.

Um mundo criado pelo jogador pode nos ajudar na reflexão de hoje. É muito fácil saber quem esteve em cada um dos mapas criados em nosso *Minecraft* privado. Um rápido passeio pelo local e eu consigo identificar plataformas aéreas multicoloridas, casas construídas no meio das nuvens, mecanismos mirabolantes para afastar os monstros da casa construída. Ninguém precisa me dizer que foi o Joshua quem esteve dando asas à sua grande imaginação, construindo elementos inviáveis no mundo real. Em contrapartida, gosto de passar o tempo organizando e construindo um abrigo que seja funcional, com a tecnologia arquitetônica disponível. Isso inclui coletar argila nas margens dos rios e cozinhá-la na fornalha para, então, transformá-la em blocos de tijolos para a fachada das casas. Resumindo, o meu mundo é muito mais sem graça que o do Joshua.

Da mesma forma, as Escrituras, por meio do texto base de hoje, nos mostram que não seria necessário conhecer o Criador do universo, pois bastaria prestarmos atenção em Sua Criação esplêndida, para identificar Sua ação no mundo. Exatamente como eu reconheço o Joshua nos mapas em que ele trabalhou, mesmo que não esteja mais lá. A criação revela o Criador e isto deveria nos levar a adorar a Deus com ainda mais intensidade, pois a complexidade de tudo o que existe é tão grande que deve nos levar de volta ao responsável por tamanha beleza e perfeição.

Em nossa correria diária, vemos muitas coisas, mas enxergamos muito pouco. Quantas pequenas sutilezas da criação passam por nossas vidas todos os dias sem que as percebamos? Observe os detalhes e as pequenas porções de felicidade diante de nós todos os dias, como uma flor em meio à selva de concreto das grandes cidades ou o sorriso inocente de uma criança. A assinatura de Deus está por toda a parte, basta que eu e você venhamos a treinar nossos olhos para enxergar...mesmo que seja em um jogo de videogame!

Desafio: hoje seremos observadores da natureza ao nosso redor. Separe um tempo para se desconectar da tecnologia e das distrações e vá para um parque, praça ou mesmo seu quintal, se você tiver. Observe pequenos detalhes e procure encontrar Deus nestes lugares. Por fim, ore agradecendo a Ele pela criação e pelo Seu cuidado conosco! Poste sua descoberta nas redes e marque o @parabolasgeek e @editoracemporcentocristao usando a hashtag #DesafiodoParabolas

Modo Gamer: vá para o Dia 07

Código Secreto:

ZXOFPPFJLP:

NÍVEL **DIFÍCIL**

DIA 04

THE LAST OF US

"Que o Deus da esperança os encha de toda a alegria e paz, por sua confiança nele, para que vocês transbordem de esperança, pelo poder do Espírito Santo". *Romanos 15:13*

The Last of Us foi lançado em 2013, pela empresa *Naughty Dog*, exclusivamente para o *PlayStation 3*. Este é um jogo de sobrevivência em terceira pessoa, com gráficos excepcionais e um roteiro surpreendente. O título foi aclamado pela crítica especializada, além de se tornar um dos jogos mais vendidos para o console, com oito milhões de unidades vendidas em pouco mais de um ano. É considerado por muitos um dos melhores jogos de todos os tempos.

O jogo se passa em uma América do Norte devastada pela mutação de um fungo, o *Cordyceps*, que passa a infectar humanos, causando um verdadeiro apocalipse no mundo no ano de 2013. Acompanhamos os primeiros instantes desta mudança radical pelo ponto de vista de Joel, que sofre uma grande perda pessoal, enquanto tenta fugir do caos instaurado em Austin, Texas.

A história continua, vinte anos depois do início do surto do fungo, e podemos acompanhar a devastação e o declínio da sociedade. Os poucos sobreviventes vivem em zonas de quarentena militarizadas, em comunidades independentes ou em grupos nômades. Joel é agora um contrabandista que trabalha com sua parceira, Tess. Eles perdem um carregamento de armas e descobrem que este foi entregue ao grupo dos "Vagalumes", uma espécie de milícia rebelde contrária às zonas de quarentena controladas. Ao encontrarem a líder dos Vagalumes, eles recebem a missão de escoltar a adolescente Ellie, mordida por um infectado e que não sofreu a mutação. Existe a esperança de que ela seja a portadora da cura que pode mudar a sorte da humanidade neste triste cenário em que o mundo se encontra.

A história passará por várias reviravoltas e surpresas, e eu não vou estragar sua experiência entregando algum *spoiler*, pois acredito que o exposto até aqui será suficiente para a nossa análise de hoje.

A maioria dos enredos que aborda uma infestação, seja por vírus ou por um fungo que dizima a população, transformando a maioria das pessoas em zumbis desprovidos de vontade própria ou de inteligência, revela algo interessante. Seja um jogo, um filme ou uma série, o maior problema não são os zumbis, mas sim os sobreviventes. Governo precário com viés autoritário, pouco apreço à vida alheia, falta de padrões morais estabelecidos, queda brusca da civilidade e da sociabilidade das pessoas. A busca pelo consumo e pelo bem-estar será rapidamente substituída pelo instinto de sobrevivência, não importa o custo.

Planejar o futuro, quando existe uma possibilidade real e muito palpável de perder a vida a cada 24 horas, parece não fazer muito sentido. É possível ser otimista quando não se tem esperança? Em *The Last of Us*, Ellie aparece na história como a personificação desta esperança perdida, representando uma possibilidade de futuro para a humanidade. É interessante que as pessoas que cruzam o seu caminho e o de seu protetor, Joel, não têm a menor ideia do que ela representa, por isso vão tentar matá-la durante toda a jornada.

No ano de 2020, a humanidade começou a enfrentar uma situação que eu, sinceramente, não achava que viveríamos em pleno século XXI: uma pandemia global de proporções catastróficas, que infelizmente terá matado milhões até ser debelada. A pergunta feita em *The Last of Us* pode ser refeita para o outro lado da tela também: como manter a esperança diante de um mundo em quarentena e em permanente ameaça?

Como cristãos, temos o mesmo papel de Joel no jogo: conduzir a esperança do mundo por todos os lugares pelos quais passarmos. A grande questão é que muitas pessoas que cruzam o nosso caminho não conhecem Aquele que é a personificação da esperança em um mundo caído. Diferentemente de Ellie, que é uma personagem fictícia, em nosso caso, Ele é real e presente em nosso meio. É claro que estou falando sobre Jesus!

"Paulo, apóstolo de Cristo, por ordem de Deus, nosso Salvador, e de Cristo Jesus, nossa esperança".
1 Timóteo 1:1

Em primeiro lugar, precisamos compreender que os momentos desafiadores de nossas vidas são testes para provar o amadurecimento de nossa fé em Cristo. Ao longo de toda a Bíblia, homens e mulheres foram provados em seu posicionamento com relação a Deus e permaneceram fiéis, mesmo que esta atitude tenha custado suas próprias vidas.

"Outros enfrentaram zombaria e açoites, outros ainda foram acorrentados e colocados na prisão, apedrejados, serrados ao meio, postos à prova, mortos ao fio da espada. Andaram errantes, vestidos de pele de ovelhas e de cabras, necessitados, afligidos e maltratados". Hebreus 11:36-37

Em segundo lugar, momentos desafiadores, de maneira geral, revelam-se excelentes oportunidades para a pregação do Evangelho. Muitas pessoas encontram-se sem esperança, tristes e desanimadas com suas vidas e com o contexto externo.

Jesus é a esperança que venceu a morte e está conosco, todos os dias de nossa vida! Neste sentido, pregar o Evangelho é pregar a esperança para aqueles que não a tem. Não guarde com você a Mensagem que pode transformar o mundo. Seja um porta-voz ou uma porta-voz do Reino de Deus em sua geração!

Que possamos transbordar de esperança pelo Espírito Santo, como nos diz o texto base de hoje. Pois, ao transbordarmos, outras pessoas receberão porções de nossa esperança. Ela será refletida e encontrada em nossas palavras e atitudes: somos aqueles que carregam a esperança, por meio de nossa fé e amor em Cristo Jesus!

Desafio: o tema da esperança nunca foi tão necessário quanto nos dias difíceis que nossa sociedade tem enfrentado. O que você pode fazer na prática para carregar a esperança que é Cristo, por onde você caminhar? Neste dia, vamos orar a Deus pedindo discernimento para conversarmos com as pessoas que estão passando por momentos difíceis. Não se preocupe com o que vai dizer, apenas esteja presente, pessoalmente ou de maneira virtual. Pode ser um amigo de igreja passando por momentos difíceis, uma colega ainda não convertida, ou qualquer outra pessoa. Seja um instrumento de esperança para esta geração! Pergunte a esta pessoa quais são seus principais pedidos de oração e faça um propósito de orar com ela pelos próximos dias.

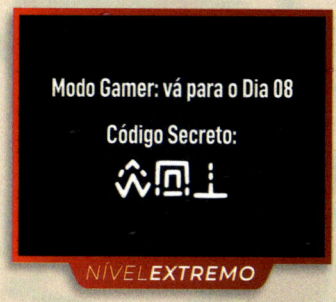

Modo Gamer: vá para o Dia 08

Código Secreto:

NÍVEL EXTREMO

DIA 05

ENDURO

"Mas, aquele que perseverar até o fim será salvo." Mateus 24:13

O ano de 1983 trouxe um jogo que se transformou em um clássico do *Atari 2600*, chamado *Enduro*, produzido pela *Actionvision*. Este não foi o primeiro jogo de corrida da história dos games, pois outros vieram antes dele, como Gran Trak 10, de 1974; *Night Driver*, de 1976; *Indy 500*, de 1977; *Rally X*, de 1980; *Turbo*, de 1981. Então, se não foi o primeiro, a que se deve o sucesso de *Enduro*? Uma grande inovação deste jogo estava nas diferentes fases do dia, que oscilava entre manhã, tarde, noite, além de neblina e neve. Cada fase apresentava um nível de dificuldade diferente e demandava novas habilidades do jogador. O objetivo do jogo era vencer os dias sem bater o carro. No primeiro dia de corrida, era necessário ultrapassar 200 carros, nos demais, 300.

Havia algo muito interessante neste jogo para aqueles que completassem pelo menos 5 dias de corrida: um troféu aparecia na tela e o jogador deveria fotografar sua façanha e enviar para um endereço fornecido no cartucho para receber um prêmio que lhe atribuía o título de *Actionvision Roadbuster*. Este talvez seja o ancestral das conquistas que estão presentes nos novos consoles desta geração.

Como muitos jogos do *Atari 2600*, *Enduro* possuía uma lenda urbana a respeito do final do jogo. Este mistério durou algumas décadas, quando os primeiros jogadores conseguiram vencer 100 dias de corrida. O jogador brasileiro INNUENDO_DF registrou em seu canal do Youtube, em 2015, sua façanha de completar 99 dias do jogo para saber o que acontece quando o contador de dias termina. Depois de 3 dias jogando, ele descobre que, após a fase 99, o contador zera e a fase de número 100 é a mesma que aparece na demonstração do jogo. Depois disso, as fases reiniciam, mas a dificuldade aumenta absurdamente, fazendo com que seja praticamente impossível continuar jogando para superar o próximo e último mistério do jogo: o que acontece se você zerar o marcador de quilômetros chegando à incrível marca de 1 milhão de KM rodados? Para se ter uma ideia, INNUENDO, após todo o trabalho que teve, rodou pouco mais de 230 mil quilômetros para chegar à fase 100. Seria impossível superar esta marca? Não para os brasileiros! Em 2020, trinta e sete anos depois do lançamento de *Enduro*, o jogador GAMEDEVBOSS alterou alguns parâmetros da programação do jogo para acelerar sua velocidade e manter todos os carros em uma mesma posição para, assim, conseguir chegar ao placar lendário. Ele descobriu que, quando a marca de 999.999 quilômetros é atingida, o contador simplesmente zera e o jogo continua normalmente, comprovando, portanto, que o jogo é infinito e não tem um final.

O que podemos agregar à nossa vida cristã através deste jogo e da história dos jogadores que, após décadas, continuaram investindo neste clássico dos retrogames? O texto base de nosso devocional de hoje fala a respeito de perseverança diante dos desafios da vida. **No cristianismo, não basta começar, é necessário terminar bem.** Muitos homens e mulheres começaram muito bem suas jornadas, mas acabaram se perdendo no meio do caminho. Podemos citar Salomão, o homem mais sábio que já existiu e o juiz de Israel Gideão, que acabou perdendo seu propósito, mesmo após ter provado o favor de Deus por diversas vezes, ao longo de sua vida.

Outra lição importante que podemos aprender com a história do jogo de hoje está relacionada aos diferentes níveis de discipulado que podemos ter ao longo de nossa caminhada. Podemos dividir os jogadores em quatro categorias gerais: aqueles que jogam para se divertir, os que buscaram o troféu da *Actionvision*, e, por isso, realizaram a tarefa de chegar ao quinto dia de jogo; o grupo mais seleto daqueles que jogaram para atingir os 100 dias e aquele que alterou a programação do jogo para ultrapassar os 999.999 quilômetros rodados. Consigo comparar estas divisões com os grupos de pessoas que seguiam a Cristo em Seu ministério terreno.

O primeiro grupo era composto pela multidão que O seguia, e que estava interessada nos milagres que Ele podia fazer para satisfazer suas necessidades pessoais. Quando o discurso endureceu, esta multidão desapareceu.

O segundo grupo era composto pelos 12 discípulos que acompanharam a Cristo e foram as testemunhas oculares de tudo o que Ele fez e falou em Seu ministério terreno.

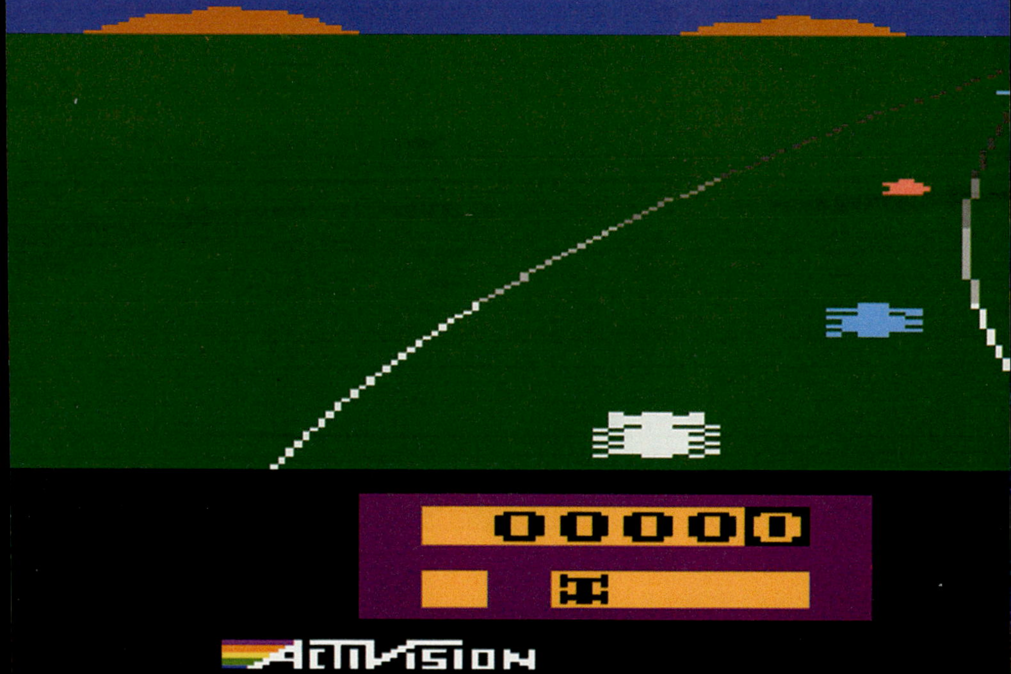

"Ao amanhecer, chamou seus discípulos e escolheu doze deles, a quem também designou como Apóstolos". Lucas 6:13

O terceiro grupo pode ser associado a um círculo menor de pessoas no relacionamento de Jesus com Seus discípulos, formado por Pedro, Tiago e João. Estes três participavam de momentos especiais com o Mestre, como no momento de Sua angústia no Getsêmani.

"Levou consigo Pedro, Tiago e João, e começou a ficar aflito e angustiado". Marcos 14:33

Por fim, o último nível de relacionamento com Jesus era o de João, que buscava estar próximo ao Senhor em todo o tempo, sendo também o único que permaneceu diante de Cristo durante a crucificação.

"Quando Jesus viu sua mãe ali, e, perto dela, o discípulo a quem ele amava, disse a sua mãe: "Aí está o seu filho"". João 19:26

A jornada pelo discipulado está posta diante de cada um de nós. A nossa opção é escolher em que grupo desejamos estar. Cada etapa traz consigo um nível mais profundo do conhecimento de Jesus. Por esta razão, Ele é o centro do processo do discipulado bíblico. Vamos abordar mais sobre este assunto ao longo destes quarenta dias com você!

Desafio: pensando no devocional de hoje, e nos diferentes níveis do relacionamento com Cristo, em qual deles você se encontra atualmente? O que você pode fazer para melhorar este nível? Anote todas as ideias que vierem em sua mente, pensando no versículo base do texto de hoje. Como é possível, com tantos desafios, perseverar até o fim de nossa jornada? O exercício é importante e, a partir do próximo texto no Modo Gamer, vamos começar juntos a responder esta e outras questões sobre este assunto tão importante.

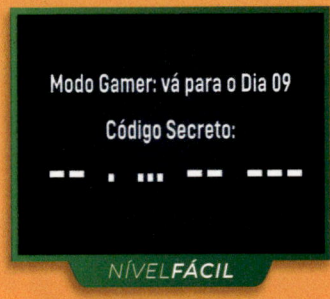

Modo Gamer: vá para o Dia 09

Código Secreto:

-- . ... -- ---

NÍVEL **FÁCIL**

DIA 06

CASTLEVANIA

"Contem o que aconteceu aos seus filhos, e eles aos seus netos, e os seus netos, à geração seguinte" *Joel 1:3*

Castlevania é uma grande coleção de jogos de ação, produzida pela desenvolvedora japonesa *Konami*. O primeiro episódio dessa saga foi lançado em 1986, para o *Famicom Disk System*. Desde então, cerca de trinta jogos da franquia foram lançados em diversos consoles. Muitos desses títulos estão nas listas de melhores jogos de todos os tempos ou de melhores jogos dos aparelhos para os quais foram produzidos.

O enredo, na maioria dos títulos, é bastante semelhante. A cada 100 anos, o Conde Drácula desperta de seu sono para liderar as forças do mal na terra. Existe um único entrave para os planos de transformar o mundo em seu reinado de trevas e sofrimento: o clã Belmont. Esta família de caçadores de criaturas sobrenaturais permanece sempre em alerta para o dia do retorno de Drácula. Na maioria dos jogos da franquia, um descendente desta família se levanta para enfrentar hordas de inimigos, até chegar ao castelo do Conde e derrotá-lo por mais um período.

A construção da figura do vampiro passa por séculos e séculos de lendas e narrativas, desde a Mesopotâmia, Grécia e Roma e acompanha a história do Mediterrâneo Ocidental, com citações posteriores encontradas em registros da igreja desde o século XI. O vampiro dessas lendas era descrito como um ser com múltiplas formas, que tinha a capacidade de absorver a essência vital de seres vivos, através do sangue. Foi apenas no século XVIII que os

relatos e histórias vindas da Europa Oriental chegaram em profusão ao continente Ocidental, causando uma onda de medo e, por consequência, popularidade para os vampiros. Neste sentido, duas obras literárias são fundamentais para compreender como esta lenda se transforma em um ícone da cultura pop presente em filmes, séries, desenhos animados e, no objeto de análise de hoje, jogos de videogame.

Em 1819, John Polidori escreveu *The Vampire*, que trouxe a imagem que temos do Vampiro refinado, próspero e carismático, tornando-se a base para a construção do personagem posterior. O grande romance sobre o tema, porém, foi escrito em 1897 pelo autor irlandês Bram Stoker, chamado Drácula. Este livro gerou a mitologia moderna sobre o assunto e é a base para tudo o que se produziu sobre vampiros ao longo do século XX, incluindo *Castlevania*.

O reboot recente da franquia, chamado *Lord of Shadows 1 e 2*, conta a história da criação de Drácula a partir da narrativa de Gabriel Belmont, que inicia sua luta contra os Lordes das Sombras – até que ele próprio se transforma em um vampiro. Drácula é, em última instância, um Belmont! Esta história é uma derivação da franquia original e uma tentativa da produtora de atualizar a história que tem mais de trinta anos de existência.

De todos os jogos da franquia, o que mais me traz lembranças é o *Super Castlevania IV*, produzido para o *Super Nintendo* em 1991. Cenários incríveis, músicas primorosas e chefes inesquecíveis. Que saudade!

Fico imaginando o estado de alerta que o clã Belmont deveria manter em tempos de paz no mundo dos homens. Mesmo derrotado no passado, Conde Drácula poderia aparecer a qualquer momento e reiniciar seu flagelo sobre a terra. Esse retorno poderia acontecer em um ano, em trinta anos, setenta ou talvez cem anos! Como permanecer em alerta sem saber quando acontecerá o que se espera?

Da mesma forma como devemos aguardar pelo retorno de Cristo na terra: permanecendo em vigilância e falando sobre isso de geração em geração. Jesus disse o que aconteceria após a Sua morte e ressurreição:

"Na casa de meu Pai há muitos aposentos; se não fosse assim, eu lhes teria dito. Vou preparar-lhes lugar". João 14:2

Uma das parábolas que Jesus contou a este respeito ficou conhecida como a Parábola das Dez Virgens. Esta história está descrita em Mateus capítulo 25, versículos 1 ao 13. Nela, o Mestre nos conta que havia cinco virgens prudentes que aguardavam a chegada de seu Noivo, com candeias de óleo preparadas para sair durante a noite, se necessário, para seguir seu amado. As outras cinco virgens são descritas como néscias ou loucas, pois viveram para si mesmas e não guardaram o óleo que poderia acender a candeia, permitindo que seguissem o noivo noite adentro. Cristo nos ensina com esta Parábola que devemos viver preparados para nosso encontro definitivo com Ele, pois está escrito:

"Portanto, vigiem, porque vocês não sabem o dia nem a hora". Mateus 25:13.

O ato de vigiar funciona bem a nível pessoal para um pequeno período de tempo. Mas, quando a volta de Cristo demora a se concretizar, pelo ponto de vista humano, não podemos apenas buscar a nossa própria edificação. É exatamente isso que o texto base nos revela neste dia. Como igreja, precisamos pensar a partir de um padrão geracional. Uma geração precisa compartilhar as grandiosas obras de Deus ao longo da história para a próxima. Esta tem sido a missão da igreja cristã desde Atos dos Apóstolos. É necessário falar e compartilhar nosso testemunho com aqueles que não conhecem a Jesus, mas apenas isso não é suficiente para desenvolver o padrão geracional.

O discipulado é fundamental para plasmar Cristo no coração dos novos convertidos. Para isso, é necessário que se levantem líderes que tenham uma vida íntima com o Senhor, e que possam ser instrumentos para inspirar outros a também conhecerem a Jesus. É importante chamar a responsabilidade e nos envolver, para podermos com ousadia declarar como o apóstolo Paulo:

"Tornem-se meus imitadores, como eu o sou de Cristo". 1 Coríntios 11:1

Precisamos compreender que qualquer gesto ou atitude em prol do Reino de Deus nos ajudará a termos a esperança renovada em nosso papel como embaixadores do Reino, que obedecem às ordens de seu Mestre:

"Portanto, vão e façam discípulos de todas as nações, batizando-os em nome do Pai, do Filho e do Espírito Santo". Mateus 28:19

Desafio: você precisa estar nos dois lados da conversa de hoje para uma vida cristã saudável – ao mesmo tempo em que precisa discipular os novos na fé, também precisa ser cuidado por irmãos mais experientes de maneira mais próxima. Pessoas que possam orar com e por você, além de aconselhar e exortar quando for necessário. Quem são essas pessoas em sua vida? Caso não tenha ninguém, ore para que isto possa se transformar em realidade!

Modo Gamer: vá para o Dia 10

Código Secreto:

NÍVEL **MÉDIO**

DIA 07

ANGRY BIRDS

"Mesmo não o tendo visto, vocês o amam; e apesar de não o verem agora, creem nele e exultam com alegria indizível e gloriosa, pois vocês estão alcançando o alvo da sua fé, a salvação das suas almas" *1 Pedro 1:8,9*

Um estilingue gigante, pássaros sem asas raivosos e porcos verdes que roubam ovos. Estes são os elementos insólitos que compõem a fórmula de sucesso de *Angry Birds*, uma série de jogos desenvolvidos pela empresa finlandesa . Criado originalmente para os produtos da Apple em 2009, alcançou a marca de doze milhões de downloads. Este número impressionante possibilitou a produção do jogo para as mais diversas plataformas, tanto de celulares quanto de consoles e *PC's*. As revistas especializadas apontaram três elementos principais para o seu sucesso: jogabilidade muito simples e eficiente, uma história cômica e um preço atrativo.

Em 2017, oito anos após seu lançamento, os jogos da franquia acumularam o incrível número de 3,7 bilhões de downloads. Tamanha performance acabou rompendo a barreira dos videogames e celulares, chegando ao cinema com o filme de mesmo nome em 2016, que teve uma continuação lançada em 2019. Desenhos animados e produtos licenciados também compõem a estrutura de sucesso dos pássaros irados.

Confesso que não simpatizo muito com jogos de celular. A nossa rotina de trabalho é muito extensa e, por esta razão, preciso abrir mão de distrações que me façam perder o foco no trabalho ou no que estiver fazendo. Porém, em 2019, enquanto fazia minhas pesquisas sobre *Star Wars* para a escrita dos 40 Dias, encontrei o game *Angry Birds Star Wars*. Acabei baixando o jogo para compreender como duas coisas tão distintas poderiam estar conectadas e o resultado foi muito bom. Extremamente simples, qualquer pessoa consegue se adaptar por ser bastante instintivo.

O jogo se resume a vários pássaros com características e habilidades distintas que precisam ser lançados, por um estilingue, de modo a derrubar os porcos esverdeados que roubaram seus ovos. Existem diferentes níveis de eficiência nos estágios, pela pontuação através de estrelas que são dadas conforme lançamentos precisos são feitos. Embora você possa arremessar os pássaros de qualquer maneira, existe uma forma específica que dará a pontuação máxima ao jogador.

Quando jogava *Angry Birds*, eu procurava esta maneira "oficial" de terminar a fase que me daria as três estrelas. Era necessário estudar o cenário para tentar causar o máximo estrago com o menor número de lançamentos. Pensando um pouco a respeito de nossa vida, a relação entre lançar pássaros e atingir o alvo almejado pode ser muito útil para ilustrar um princípio poderoso para nossa edificação.

No texto base de hoje, o apóstolo Pedro fala sobre o alvo de nossa fé, que é a salvação de nossas almas. Ele está falando para os primeiros discípulos dos apóstolos. Ou seja, a primeira geração de cristãos que não viu a Jesus pessoalmente durante Seu ministério. Tudo o que eles tinham era o testemunho dos apóstolos. Já pensou em como este momento foi delicado para a igreja que estava nascendo? A fé desta primeira geração de cristãos estava firmada no discurso daqueles que viram e aprenderam com o Messias. Não havia Novo Testamento, não havia uma hierarquia organizada, apenas homens e mulheres que foram transformados por Cristo e dedicaram suas vidas a falar a respeito dEle e pregar o que Ele pregou. Não existia dúvida no coração dessas pessoas, um alto preço foi pago para que eles tivessem a chance da salvação. Tudo o que eles poderiam fazer deste momento em diante era caminhar propagando o poder de Jesus para curar, restaurar e salvar a humanidade contaminada pelo pecado.

De todas as possibilidades de futuro, nossos antepassados na fé tinham a plena convicção de que existia apenas uma que realmente valia a pena: viver e morrer por Cristo. Paulo, considerado o apóstolo dos gentios, tinha esta convicção em seu coração e ministério:

"Irmãos, não penso que eu mesmo já o tenha alcançado, mas uma coisa faço: esquecendo-me das coisas que ficaram para trás e avançando para as que estão adiante, prossigo para o alvo, a fim de ganhar o prêmio do chamado celestial de Deus em Cristo Jesus". Filipenses 3:13-14

O futuro está diante de cada um de nós com milhares de possibilidades diferentes, em uma complexa teia de ação e reação. Cada decisão que tomarmos desencadeia uma reação específica que nos leva por um determinado caminho, construindo a nossa vida. Quanta responsabilidade em nossas mãos!

Para nos ajudar a tomar decisões sábias em nossa caminhada, precisamos pensar de modo semelhante à mecânica de *Angry Birds*:

1 - **Analise o cenário**. Muitas vezes somos levados a agir por impulso sem pensar nas consequências de nossas ações;

2 - **Identifique os inimigos**. Quando compreendemos que nossa luta não é contra pessoas, podemos nos preparar para as batalhas no nível espiritual, conforme Efésios 6:12;

3 - **Estabeleça objetivos**. Tanto Paulo quanto Pedro nos mostram quais são os alvos que devemos buscar no cristianismo. Eles devem ser alcançados por meio do relacionamento com Cristo, balizados na Palavra e no discipulado pessoal com outros irmãos e irmãs mais experientes que nos ajudem;

4 - **Faça ajustes na sua trajetória**. Nem sempre aquilo que parece a melhor escolha, se comprova na prática. Assim como nem sempre o lançamento atinge o objetivo esperado, em nossa vida precisamos constantemente efetuar ajustes.

Que eu e você possamos juntos, dentro de tantas escolhas possíveis de futuro, seguir os passos de nossos pais na fé: ter um relacionamento tão profundo com Cristo que não consigamos vislumbrar outra possibilidade de futuro que não seja passar toda a Eternidade ao Seu lado!

Desafio: o que você imagina do futuro quando pensa nele? Você está se preparando para o amanhã? Espiritualmente falando, o que você tem semeado no presente o conduzirá para quais lugares no futuro? Pensando em sua vida espiritual, o que você espera que aconteça nos próximos anos? Anote suas respostas separando em alvos para 01, 05 e 10 anos. Siga seu plano, efetuando ajustes conforme achar necessário. Peça ajuda sempre que precisar!

Modo Gamer: vá para o Dia 11

Código Secreto:

MBOJFQXJ

NÍVEL**DIFÍCIL**

DIA 08

ASSASSIN'S CREED

"Os demais acontecimentos de seu reinado e todos os seus atos, do início ao fim, estão escritos nos registros históricos dos reis de Judá e de Israel".
2 Crônicas 28:26

Assassin's Creed foi lançado em 2007 pela empresa *Ubisoft*, dando origem a uma franquia de sucesso com doze jogos principais até o ano de 2020, e onze histórias secundárias. A trama acompanha a trajetória de dois grupos que trabalham há séculos nas sombras e estão por trás dos grandes eventos históricos que transformaram a humanidade. Assassinos e Templários têm objetivos semelhantes, com meios distintos para alcançá-los. Enquanto os Assassinos querem a paz mundial por meio do livre arbítrio, os Templários querem a mesma coisa, mas abusando do controle e do domínio.

Compreendo este título como um grande romance histórico, pois contém uma história fictícia recheada de figuras históricas reais, usando os grandes acontecimentos históricos como pano de fundo. Com esta franquia, pude vivenciar a Terceira Cruzada em 1191; acompanhar as mudanças que a Renascença trouxe para as cidades italianas; participar de batalhas da Guerra Civil Americana; interagir com o comércio mercantil nas ilhas do Caribe durante o declínio da pirataria nesta

região; a Revolução Francesa e a Industrial; o governo dos Ptolomeus no Egito; a Guerra do Peloponeso na Grécia e estou aguardando para acompanhar a ocupação dos vikings escandinavos nas ilhas da Bretanha, no século IX, em *Assassin's Creed Valhalla*. Não deve ser difícil perceber que esta é a minha franquia de jogos preferida, como professor de história da igreja e medievalista.

A nossa relação com a história deve ser mais estreita. Tenho percebido que muitos não dão a devida importância para a nossa história como cristãos. Quando converso com os protestantes sobre a história da igreja, alguns consideram a seguinte estrutura: o livro de Atos, que conta a história da igreja primitiva; e então Martinho Lutero, em 1517, iniciando a Reforma Protestante ao fixar as 95 teses em Wittemberg. Porém, entre estes dois eventos históricos, existem quinze séculos de história da igreja cristã que precisamos conhecer.

Neste período existiram homens que se levantaram contra heresias durante a formação da doutrina cristã e estabeleceram os critérios para a formação do Cânon do Novo Testamento. Eles guardaram a literatura clássica nos mosteiros e copiaram a Bíblia letra por letra para que o texto permanecesse entre nós. Homens e mulheres que se levantaram contra os desvios da igreja, e priorizaram o órfão, a viúva e os pobres, criando novas formas de pregar o Evangelho para os povos com suas diferentes culturas.

Ao mesmo tempo, nem tudo foram flores ao longo dos últimos séculos e muitos erros foram cometidos. Não é sábio ignorar os equívocos do passado. Precisamos conhecê-los bem, para que não venhamos a repeti-los em nosso tempo. Uma rápida análise em algumas práticas recorrentes hoje, ou ainda em alguns discursos disseminados pelas redes sociais, mostram que não temos prestado atenção ao passado da igreja cristã como deveríamos.

As heresias são cíclicas, e têm origem na má interpretação da doutrina bíblica. De tempos em tempos, elas retornam com uma nova roupagem, adaptada ao presente. Um exemplo disso é o maniqueísmo. Surgiu no século III, a partir do pensamento sincrético de um homem chamado Manes ou Maniqueu. Este pensamento usava elementos de todas as religiões existentes como o budismo, hinduísmo, judaísmo e cristianismo para construir uma ideia de que o mundo é dualista. Nesta construção distorcida, o universo é o fruto da fusão entre dois elementos primordiais: o Reino da Luz e o Reino das Trevas. O resultado é o mundo material, que é essencialmente mau. Na Idade Média, ecos desta heresia podem ser ouvidos através da doutrina dos cátaros e albigenses. Nos dias atuais, se prestarmos atenção, ainda é possível encontrar resquícios deste pensamento que exalta Satanás com o objetivo de causar medo nas pessoas. Ao invés disso, devemos nutrir o verdadeiro temor, não no sentido de medo, mas sim de um profundo respeito pelo Senhor dos Exércitos, o Deus criador do Universo, que também criou Lúcifer. Desta forma, Satanás é também uma criatura, não podendo ser de maneira nenhuma equiparado a Deus. O nosso inimigo não pode ser menosprezado, mas não podemos atribuir-lhe um poder que pertence ao Senhor, como está escrito:

"Em breve o Deus da paz esmagará Satanás debaixo dos pés de vocês. A graça de nosso Senhor Jesus seja sempre com vocês". Romanos 16:20

Voltando ao nosso assunto principal, a História de Israel sempre foi uma grande preocupação dos cronistas. Uma expressão que se repete quarenta e cinco vezes nos livros de Reis e Crônicas é a seguinte:

"Os demais acontecimentos do reinado de (nome do rei) estão escritos nos registros históricos dos reis de Judá ou Israel."

O que é realmente fascinante é que os registros foram feitos tanto para os bons reis, que serviram de exemplo para aqueles que vieram depois, quanto também para os reis maus. A presença de monarcas sanguinários, idólatras e que não seguiram as leis do Senhor, trazendo jugo sobre o povo, também constam nos registros históricos de Israel e Judá.

No episódio VIII de *Star Wars*, conversando com um Luke Skywalker exilado e sem esperança, o mestre Yoda declarou uma frase que me marcou bastante:

"Transmita o que aprendeu. Força, mestria. Mas fraqueza, insensatez, fracasso também. Sim, fracasso acima de tudo. O maior professor, o fracasso é."

Assim como Israel e a Igreja, você também tem uma história. Uma história marcada por acertos e por erros. Repita os acertos e aprimore-os para melhorar cada vez mais. Mas, por favor, não ignore os seus próprios erros. Reflita sobre eles, mude de direção e aprenda com um dos melhores professores que você terá em sua vida!

Desafio: somos muito bons em nos lembrar dos acertos, mas temos problemas com os nossos erros. Você consegue pontuar os maiores fracassos de sua vida? Anote suas respostas em seu caderno devocional e reflita sobre eles. O que estes erros podem ensiná-lo daqui para frente? Como excelentes professores que são, não despreze estes erros. Apenas aprenda com eles e não os repita no futuro!

Modo Gamer: vá para o Dia 12

Código Secreto

NÍVEL **EXTREMO**

DIA 09

PITFALL

"Ó profundidade da riqueza da sabedoria e do conhecimento de Deus! Quão insondáveis são os seus juízos, e inescrutáveis os seus caminhos!"
Romanos 11:33

Você que está acostumado com os gráficos cinematográficos da atual geração de videogames precisa valorizar a década de 1980, pois ela gerou a base para tudo o que veio depois, a partir da programação dos 128 bites dos cartuchos. Mais um jogo que revolucionou a maneira como eles eram feitos até então foi *Pitfall Harry's Jungle Adventure*, conhecido pelo público como *Pitfall*.

O jogo foi lançado em 1982 e apresentava uma grande novidade com relação ao que existia em seu tempo. O personagem era um aventureiro que precisava vencer diversos desafios na floresta como: crocodilos, areia movediça, toras rolando pela tela, poços e muito mais. A novidade estava na existência de diferentes telas, que mudavam o cenário toda vez que o jogador percorria a extensão da TV.

Outro fator muito interessante era o objetivo deste jogo. Diferentemente de outros jogos do *Atari*, cuja missão era continuar jogando até que o placar chegasse ao número máximo possível, em *Pitfall* o jogador tinha 20 minutos para encontrar 32 tesouros espalhados pelo *game*, sendo que a última tela estava conectada com a primeira, gerando o conceito de plataforma de rolagem lateral, conhecido como *side-scrolling*. Da mesma forma como acontecia com o jogo *Enduro*, já tratado neste livro, qualquer jogador que chegasse a 20.000 pontos poderia enviar uma foto de sua façanha para a *Actionvision* e receberia o prêmio *Pitfall*

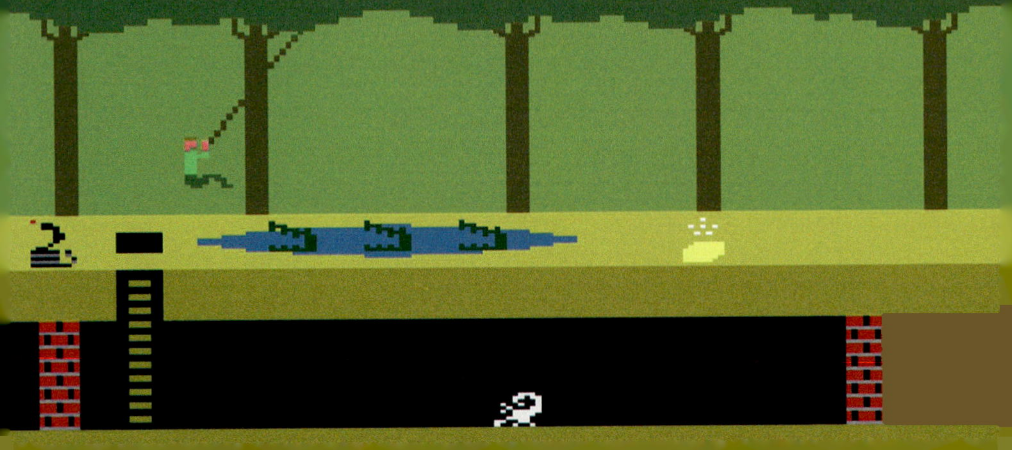

Harry Explorer Club, reforçando a tese de que esta é a origem da cultura das conquistas tão comuns nos jogos de hoje em dia.

O jogo vendeu cerca de 4 milhões de cópias e chegou ao segundo lugar em vendas para o *Atari 2600* de todos os tempos, perdendo apenas para *Pac-Man*. Talvez o filme de Indiana Jones, lançado um ano antes, tenha ajudado a alavancar a popularidade de *Pitfall*. Seja como for, a grande realidade é que ele foi um fenômeno em sua geração.

Um último elemento deste jogo que eu gostaria de trazer está nas opções que o jogador tinha em sua jornada: em algumas telas, havia uma escada que dava acesso ao subterrâneo, onde um escorpião gigante aguardava o aventureiro. A impressão que eu tinha quando jogava *Pitfall* era de que o caminho pela superfície era muito mais fácil e seguro do que arriscar a vida pela escuridão do subsolo. Hoje, enquanto faço as pesquisas para escrever este livro, encontro uma fala do criador do jogo, David Crane, que será a base para nossa conversa de hoje:

"A meta do jogo não era chegar a um final, mas coletar o máximo de tesouros possíveis no limite de 20 minutos. E havia um truque para isso. Se você percorresse todas elas pela superfície, jamais conseguiria chegar à última nesse tempo. Já indo pela parte inferior, onde os escorpiões estavam, cada tela atravessada correspondia a três da superfície. Para pegar os 32 tesouros era preciso memorizar onde cada um deles estava e usar estes atalhos de maneira inteligente."

Segundo David, o êxito na jornada só seria possível caso o jogador se arriscasse no subsolo do jogo. Da mesma forma, em nossa caminhada com Deus, só seremos bem sucedidos se abandonarmos a segurança e tranquilidade de uma vida superficial para mergulhar em níveis mais profundos de conhecimento e intimidade com Deus.

Vivemos dias em que a superficialidade aparentemente é cômoda. Estar no mesmo nível que os demais pode ser um chamariz para uma vida medíocre, no sentido de viver como a média das pessoas. Porém, da mesma maneira como você **nunca** terminaria o jogo permanecendo apenas na superfície, na vida cristã é necessário ser mais exigente com a maneira como se lida com as disciplinas espirituais.

Muitos leem suas Bíblias apenas aos domingos, durante a pregação. Isso é medíocre, é estar na média! Não é suficiente para criar uma mentalidade pautada pelo Evangelho de Cristo! Você precisa aprofundar o que sabe das Escrituras, tratando-as como seu manual do fabricante que precisa ser lido, relido, estudado e meditado todos os dias de sua vida.

Muitos oram apenas durante os apelos após as pregações ou quando chegam à igreja. Isso é ser um cristão medíocre! A oração deve ser pensada como nosso oxigênio diário, sem a qual não conseguimos a conexão com Deus. Como podemos dizer que O conhecemos sem ao menos conversar com Ele? Poderíamos aplicar a mesma ideia ao jejum, à comunhão, à santidade e tantas e tantas outras áreas da vida cristã, mas acredito que vocês, caríssimos leitores deste Devocional, entenderam a ideia.

Sair da mediocridade cristã não significa que agora você tem o direito de mostrar sua espiritualidade como um elemento que o transforma em alguém superior aos demais. Muito pelo contrário! Quanto mais você decide estar com Deus através da maneira como investe o tempo que tem, mais você será transformado por Ele durante o processo.

Mergulhar nas profundezas da sabedoria e do conhecimento de Deus trará, com absoluta certeza, a melhor e mais completa aventura de sua vida!

Desafio: Não tem jeito... todos nós temos a mesma quantidade de horas em nosso dia para distribuí-las na realização de todas as nossas atividades! O desafio de hoje tem o objetivo de fazer com que você pense em tudo o que faz e organize sua vida para realmente priorizar a Deus em sua jornada. Faça anotações de tudo o que você realiza durante uma semana, com horários. Por exemplo: 23h00 – 07h00: dormir / 07h00 – 08h00: preparo para o trabalho / 08h00-12h00: trabalho, etc. Continue o exercício até fechar as 24 horas dos últimos 7 dias. Agora faça uma leitura atenta de tudo o que você anotou e, caso tenha encontrado menos atividades espirituais do que gostaria, verifique onde estão as distrações que o levam a perder tempo e planeje a próxima semana, priorizando o seu momento a sós com Deus. Espero que o desafio de hoje o ajude a melhorar seu tempo devocional!

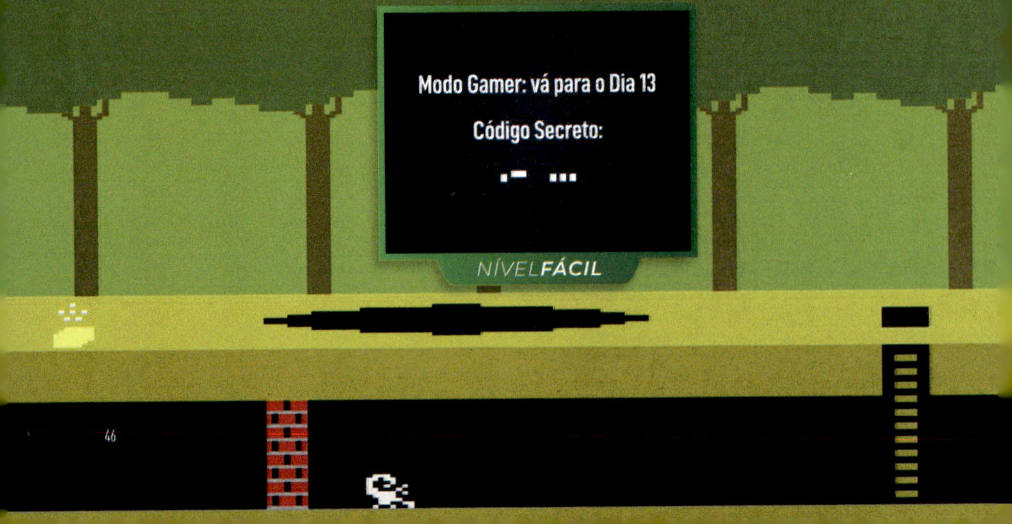

DIA 10

SONIC

"Você tem perseverado e suportado sofrimentos por causa do meu nome, e não tem desfalecido. Contra você, porém, tenho isto: você abandonou o seu primeiro amor. Lembre-se de onde caiu! Arrependa-se e pratique as obras que praticava no princípio. Se não se arrepender, virei a você e tirarei o candelabro do seu lugar" *Apocalipse 2:3-5*

Um dos personagens mais conhecidos do mundo dos videogames, o ouriço *Sonic* surgiu quando a desenvolvedora *SEGA* decidiu criar um novo mascote que pudesse substituir Alex Kidd, além de fazer frente com a estrela da Nintendo, o encanador Mario *(já abordado por aqui, se você está lendo no modo Gamer... caso esteja fazendo a leitura sequencial, acabei de dar um spoiler).*

Várias tentativas fracassaram antes de chegar ao sucesso do ouriço antropomórfico azul que possui super velocidade. Ele acabou emprestando diversas referências de outros personagens e personalidades reais para a sua composição. Segundo os criadores do personagem, Naoto Ohshima e Yuji Naka, o seu design deveria ser simples para ser desenhado por crianças, a cor azul estaria vinculada ao logotipo da empresa *SEGA* e os seus sapatos vermelhos faziam referência ao álbum *Bad* do cantor Michael Jackson, segundo o

próprio Ohshima declarou em uma entrevista. A velocidade supersônica foi extraída de um jogo demo feito por Yuji Naka, em que o personagem possuía os mesmos movimentos de *Sonic*.

O objetivo do jogo é derrotar o Dr. Ivo "Eggman" Robotnik, que tenta dominar o mundo através do uso de tecnologia, escravizando animais, para que trabalhem para ele em seus planos de conquista. No primeiro jogo da franquia, *Sonic* está sozinho, mas nos seguintes aparecerão amigos inseparáveis que estarão com ele em sua missão. Entre eles estão *Tails*, *Knuckles*, *Amy Rose*, entre muitos outros que vão surgindo na vida do herói, em suas muitas aventuras, desde 1991, quando o primeiro jogo da série surgiu. Um destes, em especial, lançado em 2011 como parte das comemorações dos vinte anos do personagem, chamado *Sonic Generations* vai nos ajudar no Devocional de hoje.

Neste game, o personagem e seus amigos terão problemas com uma criatura chamada *Time Eater*, que rompe o tecido temporal e traz de volta diversas fases de jogos clássicos do herói nas últimas duas décadas. Todas elas devem ser concluídas pelo *Sonic* do presente, e também por sua contraparte do passado. O herói e seus amigos têm a oportunidade de rever, vinte anos depois, o ouriço que começou a jornada em 1991.

Acho que este foi o primeiro jogo que pude jogar do início ao fim com meu filho Joshua e, enquanto ajudava-o a passar das fases mais difíceis, pensei em algo que gostaria de compartilhar com você. E se eu tivesse a mesma oportunidade de encontrar com o Eduardo do passado? Como seria este encontro? Eu costumo dividir minha vida a partir de alguns momentos singulares da minha existência. O dia em que aceitei a Jesus, em 23 de maio de 2002; o dia de meu casamento, em 26 de setembro de 2003; o dia em que fui ordenado pastor em minha denominação, em 07 de julho de 2013; o dia do nascimento de meu filho, em 01 de setembro de 2014; o dia em que defendi minha tese de doutorado, em 31 de agosto de 2015. Estes são alguns marcos importantes de minha trajetória, que ajudam a explicar quem eu sou hoje, pois minha identidade pessoal pode ser compreendida a partir dessas referências. No desafio de hoje, você vai poder fazer uma reflexão a este respeito em sua vida também.

A grande questão sobre um encontro imaginário com a nossa versão do passado é pensar se estamos melhores no presente do que éramos antes. Todos os dias temos a oportunidade de melhorar em todas as áreas de nossas vidas e isso é maravilhoso. Mas, nem sempre conseguiremos alcançar este objetivo, pois todos nós teremos dias bons e maus. O importante é enxergarmos, no longo prazo, se estamos nos movendo em direção a um propósito maior em nossa jornada, sem perdermos a nossa essência inicial.

O texto base de hoje fala sobre a igreja de Éfeso que, ao longo de sua trajetória, perdeu algo precioso demais no cristianismo, que é o primeiro amor. A ordem a esta igreja é clara: voltar pelo caminho trilhado para encontrar o que se perdeu. Quantos irmãos e irmãs demonstram um amor por Cristo e pela igreja surpreendente no início, mas acabam parando em determinado momento? Foi por esta razão que fiz questão de pontuar alguns marcos em minha vida pessoal para que você, caríssimo leitor ou caríssima leitora, possa compreender como eles são importantes para definir a nossa posição no Reino.

Precisamos ter em mente que o meio em que estamos inseridos não pode mudar a nossa identidade em Deus. Esta é uma das melhores maneiras de compreender se estamos fazendo algo que está alinhado ao propósito de Deus para nossa vida. Na realidade, o pensamento é bastante simples: se nos afasta de Deus, não devemos fazer.

Sou um entusiasta do cristianismo fora das quatro paredes da igreja, pois acredito que precisamos sair de nossas fortalezas seguras e iluminar os locais sombrios da terra, onde faltam a esperança e a presença de Deus. Para que possamos influenciar nossa geração é fundamental que tenhamos uma identidade firmada em Cristo que não mude conforme o ambiente. Precisamos ter uma vida devocional apaixonada, que não venha a mudar conforme vamos amadurecendo e buscando novos objetivos de vida.

Esta expressão "primeiro amor", tão utilizada nas músicas que cantamos, significa que podemos ter outros amores em nossa vida. Isso não é um problema em si, pois amaremos a esposa ou esposo que o Senhor nos der, os filhos que nascerem do fruto da união do casal, o ministério que será dado por Deus, a profissão que buscarmos através dos estudos, entre outros amores legítimos. O que não podemos mudar é o ranking, tirando Deus do primeiro lugar do pódio de nossa vida.

Como fazer isso na prática? Investindo tempo de vida neste relacionamento! Quanto mais você se dedica a amar a Deus, melhores serão todos os demais relacionamentos que construir ao longo do tempo.

Desafio: vamos levantar marcos em nossas vidas no desafio de hoje. Separe um tempo para pensar em momentos chave de sua caminhada. Quantos dias especiais como aqueles que mencionei no texto você consegue recordar? Anote essas informações para o futuro. Com relação ao primeiro amor, como está seu coração neste momento? Você cresceu neste sentido, ou ficou pelo caminho e hoje não consegue sentir ou realizar as mesmas coisas de antes? Analise os marcos que você apontou e reflita se algum deles acabou afastando-o de Deus, ou por qualquer razão, tomou o Seu lugar em seu coração. É tempo de voltar e restabelecer as nossas prioridades!

Modo Gamer: vá para o Dia 14

Código Secreto:

NÍVEL**MÉDIO**

DIA 11

TETRIS

"Tu és o meu abrigo; tu me preservarás das angústias e me cercarás de canções de livramento. Eu o instruirei e o ensinarei no caminho que você deve seguir; eu o aconselharei e cuidarei de você" *Salmos 32:7-8*

Tetris é um jogo criado na antiga União Soviética, no Centro de Computadores da Academia Russa de Ciências, pelos engenheiros de computação Alexey Pajitnov e Dmitry Pavlovsky, juntamente com o estudante de dezesseis anos, Vadim Gerasimov. Ele foi criado no ano de 1984, durante a Guerra Fria, na qual americanos e russos travavam uma corrida pela superação de suas nações em todas as áreas. Este título fez e ainda faz muito sucesso entre jogadores de todas as idades. Parte desta grande popularidade deve-se à sua simplicidade. Como consequência, *Tetris* introduziu ao universo dos jogos eletrônicos pessoas mais velhas, que até então achavam que um videogame era mais um brinquedo tecnológico. A partir de *Tetris*, o espectro de jogadores foi ampliado. O que começou com os *Tetraminós* de Pajitnov acabou se transformando em um segmento chamado, *"casual gaming"* ou jogos casuais, hoje bastante conhecidos, especialmente nas plataformas de aparelhos celulares.

Ele foi o primeiro jogo a ser considerado "viciante": toda a equipe de produção passou a jogá-lo muito, fazendo com que o desenvolvedor destruísse os disquetes com o game ainda na fase de testes. Esta retenção de jogadores, que passavam muito tempo em frente à tela, fez com que os líderes do projeto percebessem um grande potencial para sua exportação. Após muita negociação e mudanças geopolíticas mundiais com a queda do muro de Berlim em 1989, o jogo foi lançado para o novo console móvel da *Nintendo*, o *Game Boy*. Esta foi uma decisão muito acertada, pois uma nova geração de jogadores mais velhos ajudou

a disseminar o aparelho, que foi o terceiro mais vendido da história, com cerca de 118 milhões de unidades vendidas entre a versão original e a colorida. Por ser um console móvel e transportável, foi o primeiro a ser levado a uma estação espacial, em 1993, quando *Tetris* fez parte da distração dos astronautas por 196 dias.

O jogo consiste em acomodar *tetraminós* em uma tela para formarem linhas contínuas. Cada vez que uma linha é fechada, ela desaparece e todas as peças descem. O objetivo do jogo é não deixar que as peças alcancem o topo da tela. É fundamental escolher corretamente onde alocar cada um dos *tetraminós* – a denominação para peças compostas por quatro quadrados idênticos que obedecem às regras dos *poliminós*, dividindo-se em "livres", quando podem ser rotacionados, como é o caso de *Tetris*, e "fixos", quando acontece exatamente isso que você pensou.

Assim como em outros títulos abordados aqui, o jogo que estamos tratando hoje trouxe inovações que seriam seguidas e ampliadas nos anos seguintes. O gênero *"puzzle"* ou quebra-cabeça foi amplamente adotado em todos os tipos de jogos, seja como objetivo principal, seja como missão secundária.

Quando penso em *Tetris*, lembro que, durante a década de 90, ele era quase onipresente. Em todos os lugares havia os chamados "*minigames*" com *Tetris* instalado e era quase impossível não ter contato com ele. Um jogo baseado em matemática, em que, para se vencer, é necessário organizar suas peças para que todos os espaços sejam preenchidos é um excelente tema para nosso devocional. As peças de *Tetris* se aproximam dos imprevistos que acontecem em nossas vidas. Precisamos fazer o máximo para termos uma vida tranquila na terra. Uma boa administração financeira nos ajuda a não sofrer quando algo estraga repentinamente e precisamos pagar pelo conserto. Um bom relacionamento familiar traz uma comunicação que fortalece os vínculos e laços entre os membros deste grupo. Uma vida pautada na verdade e no caráter gera autoridade e impede que o inimigo possa usar algo contra nós.

Porém, por mais que venhamos a nos preparar para o futuro, a grande verdade é que não temos nenhum controle sobre o que acontecerá amanhã. A imprevisibilidade é uma realidade em nossas vidas e não podemos mudar isso. Um emprego que se vai, uma pandemia que chega sem avisar e vira o planeta de pernas para o ar, entre tantas outras coisas que não esperamos podem acontecer repentinamente. Então, nosso planejamento como *tetraminós* muito bem alinhados e organizados, de repente se transforma em um caos de peças bagunçadas subindo cada vez mais rápido, gerando desespero e ansiedade com relação à próxima peça que cairá sobre nossas cabeças.

Se você que me acompanha nesta jornada está passando por algo semelhante em sua vida neste momento, quero encorajá-lo neste dia. Um dos episódios de Jesus com seus discípulos aconteceu em um barco durante uma tempestade. Enquanto Pedro, Tiago, João e os outros nove estavam no barquinho, Jesus dormia

em seu interior. Todos se desesperaram imaginando que morreriam pela terrível tormenta. Enquanto tentaram resolver tudo sozinhos, a tempestade não prevista se abateu sobre eles. Em meio ao desespero, esqueceram de um único detalhe que faria toda a diferença: Jesus!

Quando O chamaram, imediatamente o Senhor deu ordem à tempestade e ela se acalmou de maneira instantânea. O mar voltou a ficar tranquilo. Ao final deste episódio, eles ficaram completamente atônitos pelo milagre que acabaram de presenciar e disseram:

"Quem é este que até os ventos e o mar lhe obedecem?". Mateus 8:27b

Só esqueci de mencionar que os discípulos foram repreendidos por Jesus quando foram acordá-lo:

"Por que vocês estão com tanto medo, homens de pequena fé". Mateus 8:26ª

O que podemos aprender com tudo isso? Em primeiro lugar, existe autoridade espiritual sobre nossas vidas, pois somos co-herdeiros com Cristo, conforme Romanos 8:17. Assim, nos momentos em que o mundo parecer cair ao seu redor, como os *tetraminós* de *Tetris*, acredite que sua oração a Deus tem o poder de acalmar as tempestades da vida.

Em segundo lugar, sozinho você não é capaz de muita coisa, mesmo que a sociedade diga que o mundo gira em torno de seu umbigo. Se Jesus não estiver no seu barco, não adianta lutar contra a maré. Com Ele ao seu lado, basta uma palavra para a situação mudar!

Desafio: a oração é a chave para derrubar os gigantes de nossas vidas. Qual é o maior problema que você enfrenta hoje? Ore confiante com a autoridade dada por Deus a você, para que veja a tempestade se acalmar! Sempre que possível, tenha um companheiro de oração para juntos celebrarem as vitórias e os milagres alcançados.

Modo Gamer: vá para o Dia 15

Código Secreto:

NRB

NÍVEL**DIFÍCIL**

DIA 12

FIFA & PES

"Então levou-os para fora e perguntou: "Senhores, que devo fazer para ser salvo?" Eles responderam: "Creia no Senhor Jesus, e serão salvos, você e os da sua casa". E pregaram a palavra de Deus, a ele e a todos os de sua casa". *Atos 16:30-32*

FIFA Soccer é uma franquia de jogos de futebol que teve origem em 1993, quando o primeiro título foi lançado. Desde então, anualmente, um novo capítulo da franquia é apresentado aos aficionados fãs. Produzido pela empresa *Electronics Arts*, em sua famosa subdivisão para jogos de esportes, a *EA Sports*. O grande trunfo da série está na chancela do órgão máximo do futebol mundial, a *FIFA*. Todos os anos, com o licenciamento de novas ligas ao redor do mundo, o número de times e campeonatos vai aumentando, gerando novos jogadores por todos os lugares. A periodicidade de lançamentos e a internacionalização dos times, apresentando tanto os campeonatos mais famosos, como a *Champions League*, como diversos outros campeonatos regionais, transformou *FIFA Soccer* na franquia de maior sucesso no segmento de jogos esportivos de todos os tempos.

Pro Evolution Soccer PES é outra série de jogos de futebol anual produzida pela empresa japonesa *Konami*. A origem da série está no jogo *Goal Storm*, de 1996, passando pelo ISS (*International Soccer Pro*), entre 1997 e 2001, para, então, mudar para o nome atual, *Pro Evolution Soccer* que, assim como o *FIFA*, é uma das franquias de esportes mais bem sucedidas da história.

Preciso revelar algo neste dia de devocional e espero que você continue gostando de mim depois que compartilhar. Eu não gosto de futebol. Nem do presencial, nem do virtual. Simplesmente não consigo acompanhar, nem torcer como os meus amigos, que sofrem e ficam nervosos com as piadinhas dos adversários quando seu time perde no final de semana. Já nos jogos, até tentei, mas não consegui desenvolver o gosto por eles. A pesquisa para o texto de hoje acompanhou sites especializados. O meu objetivo era tentar compreender as diferenças entre os dois games. Confesso que, após analisar alguns sites e suas críticas sobre os prós e contras de cada um, ainda assim não fui convencido de que sejam tão diferentes entre si. A visão de alguém de fora deste universo, como eu, pode ajudar muito em nossa conversa de hoje.

Durante a minha pesquisa, descobri que existe uma certa rivalidade entre os jogadores que preferem um ou outro título. A manchete de um dos artigos que li sobre o tema chamou a minha atenção:

"FIFA x PES: rivalidade dos games divide até melhores amigos"

Refleti um pouco a este respeito para tentar trazer a discussão para o interior do universo do cristianismo contemporâneo. Será que existe alguma rivalidade neste sentido em nossos dias? O mundo polarizado potencializado pelas redes sociais tem gerado discussões acaloradas em todas as áreas. Quando pensamos neste assunto, temos alguns conceitos que geram rivalidade desnecessária. Vejo debates acalorados acontecendo entre:

Reformados e Pentecostais
Calvinistas e Arminianos
Cessacionistas e Continuístas
Pré-tribulacionistas e Pós-tribulacionistas

Qual é razão para enfatizarmos os detalhes que nos afastam, ao invés das doutrinas que nos aproximam? Eu tenho tido, nos últimos anos, o privilégio de ministrar com o projeto Parábolas Geek em todo o espectro denominacional brasileiro. E isto tem acontecido porque meu foco está na simplicidade do Evangelho, que é comum a todos os cristãos. Em uma dessas ocasiões, quando preguei em um retiro regional de jovens luteranos no interior do Rio Grande do Sul, conversando com os pastores locais sobre a melhor abordagem a ser feita na série de mensagens que traria a eles, a resposta que me deram foi um alento. E é o alvo que tenho perseguido sempre no ministério que o Senhor me deu. Eles me disseram:

"O que você vai pregar está na Bíblia? É por isso que o chamamos aqui."

O texto base de hoje revela um segredo que não é complicado, mas que temos soterrado sob uma série de teorias criadas por homens, e que, muitas vezes, nos impedem de enxergar a realidade do Evangelho: ele é **simples**!

A pergunta do carcereiro que foi salvo do suicídio pelo apóstolo Paulo é a mesma que muitos fazem em nossos dias: "o que devo fazer para ser salvo?" Precisamos tomar muito cuidado para não criar uma série de regras e ritos que afastem as pessoas por acharem muito difícil seguir a Jesus. Não importa neste momento quem foram os fundadores de nossas denominações, quais as suas interpretações das Escrituras e as diferenças doutrinárias entre tantos ramos do protestantismo. Na resposta de Paulo está a essência de todo o cristianismo: "Creia no Senhor Jesus, e serão salvos, você e os da sua casa".

Cristo é o centro! É Ele quem nos une como igreja na terra! Ele é o cabeça e nós somos os membros! Acho fundamental que venhamos a conhecer a fundo a história da denominação a que pertencemos, e como ela enxerga as diferentes questões internas. Mas externamente, acredito que os pontos de contato entre nós são muito maiores do que aqueles que nos dividem.

Quando olhamos externamente, as diferenças entre *FIFA* e *PES* não são tão grandes, pois os dois tratam do mesmo assunto em essência: futebol. Que possamos enxergar nossas denominações da mesma forma. Se o nosso objetivo como igreja local for amar a Deus sobre todas as coisas e ao nosso próximo como a nós mesmos, as nossas diferenças doutrinárias não serão tão grandes assim. Prosseguiremos fazendo discípulos de todas as nações e batizando-os em nome do Pai, do Filho e do Espírito Santo.

Obedecendo a Cristo e a Sua Palavra estaremos juntos aprendendo a gostar e amar não apenas a nossa denominação, mas também a do outro!

Desafio: você conhece a história de sua denominação? Quem foi seu fundador ou fundadora? Como ela surgiu e qual é a sua doutrina? Embora Cristo seja o centro do Evangelho como abordamos no texto de hoje, você precisa conhecer os detalhes do lugar que escolheu para manter a comunhão com seus irmãos e servir ao Reino de Deus. Converse com seu pastor ou líderes a este respeito!

Modo Gamer: vá para o Dia 16

Código Secreto:

NÍVEL**EXTREMO**

DIA 13

PAC-MAN

"Mas eu lhes digo: Não resistam ao perverso. Se alguém o ferir na face direita, ofereça-lhe também a outra". *Mateus 5:39*

Pac-Man foi criado em uma data muito especial, no dia 22 de maio de 1980. Especial porque neste mesmo dia, do outro lado do mundo, na cidade de Santo André, Estado de São Paulo, nascia este que vos fala! Eu e *Pac-Man* nascemos exatamente no mesmo dia. E o que isso quer dizer? Absolutamente nada, apenas mais uma entre as tantas coincidências históricas com as quais temos a oportunidade de conviver.

Bem, voltando ao nosso querido círculo amarelo comedor de fantasmas, ele foi criado a partir de dois elementos muito conhecidos pela cultura japonesa da década de 80 do século passado: uma pizza e a personagem *Paku*, que era muito popular no Japão, conhecida pelo seu apetite. Poderíamos, para efeito de comparação, dizer que a *Paku* é a Magali deles. O formato do personagem surgiu quando o seu criador, *Toru Iwatani*, comeu uma pizza com os seus amigos e, ao retirar o primeiro pedaço, o formato de *Pac-Man* foi revelado.

O jogo tinha uma dinâmica simples, porém que marcaria a sua época – por sinal, quase todo jogo do *Atari* 2600 apresentava algum diferencial que revolucionaria a dinâmica dos games no futuro. O personagem principal começava em um labirinto repleto de pastilhas que precisavam ser comidas por *Pac*. A missão não seria difícil se não fossem quatro fantasmas que percorrem o labirinto para perseguir o protagonista.

Para ajudar, existem quatro pastilhas maiores nos cantos do mapa que deixam *Pac-Man* invulnerável e ele se transforma, por um curto espaço de tempo, de perseguido a perseguidor dos fantasmas. A tela mudava para um novo labirinto assim que todas as pastilhas fossem comidas pelo personagem principal.

Este clássico tornou-se muito popular, sendo considerado o primeiro jogo a apresentar um marketing externo muito eficiente, criando uma tendência que seria copiada por inúmeros outros. A partir de seu sucesso, *Pac-Man* trouxe uma miríade de produtos externos como copos, camisetas, moletons, pelúcias, *actions figures*, entre outros.

Outro detalhe importante está na Inteligência Artificial dos fantasmas: *Inky, Blinky, Clyde e Pinky*, conhecidos como *Galaxians*. Eles tinham atuações independentes, com uma função específica para cada um deles. Como estamos falando de um jogo com mais de quatro décadas de existência, pensar nesta independência dos inimigos através de diferentes códigos de programação com as limitações que a tecnologia possuía na época, é realmente incrível. Todos estes fatores transformaram os "cartuchos", que é como chamávamos os CD's dos games na época, em relíquias ainda mais especiais.

Quero aproveitar nossa conversa de hoje, para falar de uma antiga lei babilônica, que ficou conhecida como a Lei de Talião. Ela foi encontrada originalmente no famoso Código de Hamurabi, escrito em cerca de 1770 a.C. Esta lei, também conhecida como *Lex Talionis*, cuja raiz é a mesma da palavra retaliação, apresenta uma severa semelhança entre o crime e a pena. Ditos populares como "aqui se faz, aqui se paga", "olho por olho, dente por dente", "bandido bom é bandido morto", entre outros, revelam ecos desta ideia antiga, mas ainda presente em nossos dias. Jogando *Pac-Man*, passávamos a fase toda fugindo incansavelmente dos fantasmas. Porém em cada uma delas, tínhamos quatro chances de fazer com que eles pagassem na mesma moeda e, de perseguidos, passávamos a perseguidores dos fantasmas.

Vivemos dias em que existe um senso deturpado de justiça, não havendo confiança nas instituições que deveriam proteger as pessoas, em especial os grupos menos favorecidos de nossas cidades e Estados. Some-se a isso uma sociedade egoísta que prega que os fins justificam os meios para se alcançar os objetivos. Perceberemos, então, que séculos e até milênios depois da escrita do Código de Hamurabi, essas ideias não caíram em desuso, infelizmente.

Jesus trouxe ensinamentos revolucionários para o seu tempo. Um deles é o que está contido no texto base de nosso devocional de hoje. Enquanto os códigos vigentes até então falavam sobre retaliação e violência, Jesus traz um ensino baseado na empatia e no amor a Deus e ao próximo. O próprio Mestre nos informa em Lucas 6:31:

"Como vocês querem que os outros lhes façam, façam também vocês a eles".

Podemos refletir sobre o que Jesus quis dizer com oferecer a outra face. Ou melhor, o que Ele não quis dizer nesta passagem. O texto **não** nos ensina a estarmos sempre em uma posição de sermos agredidos fisicamente por outras pessoas, nem de abrir mão de nossos direitos ou ainda aguentarmos injustiças calados.

Todos temos direitos em nossa sociedade, e devemos usá-los sempre que necessário. Acredito que Jesus está nos alertando a respeito de autocontrole neste texto. Mesmo tendo as condições para revidar à altura de nossos detratores, abrimos mão para agir de maneira diferente. Isso traz autoridade para o nosso discurso. Seria o mesmo que *Pac-Man*, ao comer a pastilha de poder, voluntariamente abrisse mão de devorar os fantasmas, mesmo podendo fazer isso. Cristo tinha autoridade para falar a este respeito, conforme o apóstolo Paulo nos informa em sua carta aos Filipenses:

"Seja a atitude de vocês a mesma de Cristo Jesus, que, embora sendo Deus, não considerou que o ser igual a Deus era algo a que devia apegar-se; mas esvaziou-se a si mesmo, vindo a ser servo, tornando-se semelhante aos homens . E, sendo encontrado em forma humana, humilhou-se a si mesmo e foi obediente até a morte, e morte de cruz!" Filipenses 2:5-8

Que possamos aprender com o Mestre, buscando exercer nossa autoridade tendo como base a própria Palavra de Deus e o nosso autocontrole. Não é porque podemos fazer algo contra outra pessoa que devemos fazer. Para encerrar este papo, vamos aproveitar o que nos diz, mais uma vez, o apóstolo Paulo:

"Tudo me é permitido", mas nem tudo convém. "Tudo me é permitido", mas eu não deixarei que nada me domine". 1 Coríntios 6:12

Desafio: hoje, vamos pensar sobre autocontrole. Aproveite este desafio para treinar este conceito em sua vida. Escolha alguma coisa com a qual você não fica sem nem por um dia. Pode ser uma comida, uma bebida ou o aparelho celular. Para testar seu nível de autocontrole, programe um jejum de uma semana deste item. Após o período de jejum, avalie o nível de dificuldade que você encontrou para dar conta deste desafio. Se foi muito difícil, repense o uso ou consumo deste item. Precisamos manter o autocontrole sobre nossas vidas!

Modo Gamer: vá para o Dia 17

Código Secreto:

-- .- .. ---

.-. . ...

NÍVEL**FÁCIL**

DIA 14

SUNSET RIDERS

"Todos recebemos da sua plenitude, graça sobre graça". *João 1:16*

Sunset Riders é um jogo de faroeste lançado em 1991 pela desenvolvedora japonesa *Konami* para fliperama ou arcade. Nos anos seguintes, surgiram versões para os consoles *Mega Drive* e *Super Nes*. Ele conta a história de quatro caçadores de recompensa que atravessam os EUA enfrentando criminosos procurados pela justiça. No início de cada fase, aparece a foto do chefe e a recompensa pela sua captura "vivo ou morto". Ao todo, são oito fases com recompensas cada vez maiores e inimigos mais difíceis. Você poderia escolher entre quatro personagens: *Steve*, *Billy*, *Bob* e o mexicano *Cormano* (meu preferido!). A única diferença entre eles, além da aparência, eram as armas. Enquanto *Cormano* e *Bob* usavam espingardas, *Billy* e *Steve* preferiam os revólveres. A partir desta escolha, as estratégias dos jogadores eram preparadas.

Os criminosos a serem derrotados ao término de cada uma das fases eram um show à parte. Entre eles, havia banqueiros corruptos, pistoleiros rápidos no gatilho, atiradores montados em cavalos blindados, gêmeos arruaceiros em um saloon, um mexicano inimigo de *Cormano*, um indígena, um guerrilheiro latino e um rico inglês entrincheirado em seu palácio.

Eu sempre gostei de jogos de faroeste e *Sunset Riders* foi o que mais joguei em minha fase nos fliperamas. Além de ter um visual muito legal e boa jogabilidade, a máquina tinha um atrativo a mais, pois poderíamos jogar em até quatro pessoas simultaneamente. Como praticamente tudo o que foi produzido na década de 90 do século passado, o jogo era difícil e com poucas chances de vitória sem treino. Os finais de fase eram simplesmente repletos de atiradores e me recordo de, às vezes, me perder em meio a tantas balas simultâneas. O resultado disso era a pergunta que insistia em aparecer quando nossas vidas acabavam, e que desesperava qualquer jogador com pouco dinheiro como eu naquela época: Continue?

Uma contagem regressiva surgia na tela de dez até zero. Este era o prazo para colocar mais uma ficha e continuar o jogo do local onde morremos. A opção de não utilizar o recurso acarretaria em perder todo o progresso feito até então, e ter que recomeçar do início.

Além de trazer boas recordações sobre minha pré-adolescência, essa experiência com o arcade pode nos ajudar em uma interessante analogia no dia de hoje. Podemos compreender as fichas para continuar jogando, mesmo depois da morte, como uma analogia possível para a graça e a misericórdia de Deus sobre nossas vidas. O pecado contaminou a humanidade desde seu início e, com ele, a morte foi introduzida no mundo, conforme Paulo nos ensina em sua carta aos cristãos de Roma:

"Portanto, da mesma forma como o pecado entrou no mundo por um homem, e pelo pecado a morte, assim também a morte veio a todos os homens, porque todos pecaram". Romanos 5:12

Este texto traz algumas recordações dos dias em que eu não tinha dinheiro para comprar mais fichas. Mesmo assim, eu arriscava jogar com apenas uma para testar minhas habilidades. É interessante que eu até me surpreendia em quão longe chegava, tomando o máximo de cuidado para não perder as preciosas vidas. Mas, por melhor que eu fosse, não conseguia concluir minha missão e acabava morrendo pelo caminho. Jogar com uma ficha no fliperama é semelhante a tentar alcançar a salvação pelas nossas obras. Por melhores que sejamos, nunca seremos bons o bastante para sermos salvos por causa de nosso esforço pessoal. Neste sentido, se eu não tenho capacidade de resolver o meu problema com o pecado, então preciso de algo externo para receber uma nova oportunidade de acertar. Este algo é a graça redentora do Senhor, que morreu na cruz pelos nossos pecados, oferecendo aos que a aceitarem a vida eterna conquistada por Cristo para todo o sempre!

"Pois o salário do pecado é a morte, mas o dom gratuito de Deus é a vida eterna em Cristo Jesus, nosso Senhor". Romanos 6:23

É como se, repentinamente, no momento de maior dificuldade do jogo, na iminência do fim das vidas, alguém dissesse que você poderia usar quantas fichas fossem necessárias para terminar *Sunset Riders*. Ao fim de sua jornada, você descobre que todas as fichas que você usou para "zerar" o jogo foram pagas por alguém. Desta forma, não importa se você foi muito bem e usou poucas fichas extras, ou se você foi mal como eu, usando muitas fichas, pois o preço foi pago nos dois casos.

De igual maneira, pela graça, Deus não nos enxerga como merecemos: pecadores destinados à destruição eterna. Somos vistos a partir do preço pago por Seu Filho que quitou, de uma vez por todas, a dívida da humanidade para com o pecado e, por consequência, com a morte:

"Porque a graça de Deus se manifestou salvadora a todos os homens". Tito 2:11

Esta certeza de que a graça nos protege da destruição não é um convite a uma vida desregrada, muito pelo contrário.

"Que diremos então? Continuaremos pecando para que a graça aumente? De maneira nenhuma! Nós, os que morremos para o pecado, como podemos continuar nele?". Romanos 6:1,2

Um benefício que não merecíamos e que nunca poderíamos pagar deve nos levar a buscar um padrão de vida espiritual mais elevado, e não o contrário. Busque uma vida de santidade e viva como alguém que foi livre da escravidão do pecado. Este é o estilo de vida de quem teve um encontro genuíno com Cristo!

Desafio: a graça é um conceito complexo para nossa mentalidade, por isso é importante que estejamos constantemente estudando a seu respeito. O desafio bíblico de hoje propõe que você efetue, nos próximos sete dias, a leitura do livro de Romanos em sua Bíblia. São dezesseis capítulos ao todo, o que não é muito. Por outro lado, é um dos livros mais densos das Escrituras e, por isso, deve ser lido com muita calma e atenção. Tenha ao seu lado um caderno de anotações e faça deste desafio seu primeiro comentário bíblico, no qual, após cada capítulo, você anotará quais foram suas apreensões. Ao término, reflita sobre como você passou a compreender a graça em sua vida. Preparados?

Modo Gamer: vá para o Dia 18

Código Secreto:

NÍVEL**MÉDIO**

DIA 15

LEAGUE OF LEGENDS

"Há caminho que parece certo ao homem, mas no final conduz à morte".
Provérbios 14:12

League of Legends ou *LOL*, em sua forma abreviada, é um jogo gratuito *on line* produzido pela empresa *Riot Games*, lançado em 2009. Após mais de dez anos de sua estreia, o jogo continua fazendo sucesso, seja pelas atualizações constantes no mapa e lançamento de novos personagens regularmente, seja pela característica de campeonato, que permite um *ranking* para os jogadores mais experientes. O jogo possui campeonatos anuais com altíssimas premiações no mundo do *eSport*, setor que tem se desenvolvido muito nos últimos anos. Os valores pagos no campeonato mundial de *LOL* estão entre as maiores premiações da história da categoria de esportes eletrônicos.

Este é um jogo de cooperação *online multiplayer*, em que os jogadores são chamados de "invocadores", controlando personagens conhecidos como "campeões", com habilidades específicas, formando times que precisam vencer o grupo rival. Existem mais de 140 campeões que são distribuídos em seis castas ou categorias, que são as seguintes: assassinos, atiradores, magos, tanques, lutadores e suportes. A combinação dos poderes e habilidades de uma equipe é uma das chaves para a vitória.

Outro elemento fundamental para uma partida *on line* é o terreno onde a batalha acontece, conhecido como mapas. Em *League of Legends* existem três territórios chamados: *Summoner's Rift*, *Twisted Treelin* e *Aram*. Sem dúvidas, o mais conhecido e principal mapa do jogo é o primeiro desta lista. Nele, dez jogadores divididos em dois times precisam chegar ao acampamento inimigo e dominá-lo. Os jogadores começam a partida com poucas habilidades e itens, precisando planejar muito bem o que vão fazer durante a jornada até a base inimiga, chamada de *Nexus*. Esse é o grande trunfo de *LOL*, pois cada partida é diferente da anterior, pela necessidade de ganhar experiência enfrentando desafios periféricos antes de concluir a missão principal. Não existe uma única maneira de chegar ao *Nexus* inimigo, pois no *Summoner's Rift* existem três rotas principais para os campeões no jogo. Para a nossa conversa de hoje, vamos falar especificamente a respeito de uma rota periférica.

Cada mapa contém três rotas ou *"lanes"*, que são estradas ou corredores que levam ao acampamento inimigo. Entre as rotas, está a selva, que também pode ser utilizada para locomoção do jogador e seus campeões, com criaturas neutras, que não atacam, a menos que sejam atacadas primeiro. Derrotar essas criaturas é fundamental para melhorar a capacidade de ataque e defesa da equipe. Cada uma das classes de campeões funciona melhor em determinada rota, e, por isso, o jogo é um misto entre habilidade e estratégia, com um volume gigantesco de informações para os jogadores, possuindo classes e subclasses de personagens que geram milhares de combinações possíveis para cada nova partida. Ou seja, conhecimento e estudo são necessários para os melhores jogadores deste universo fascinante do *eSport*.

Da mesma forma como existem diferentes rotas para alcançar o objetivo em *LOL*, na vida cristã existem vários caminhos possíveis, com destinos e resultados diferentes. Jesus nos informa a este respeito:

"Entrem pela porta estreita, pois larga é a porta e amplo o caminho que leva à perdição, e são muitos os que entram por ela. Como é estreita a porta, e apertado o caminho que leva à vida! São poucos os que a encontram". Mateus 7:13-14.

Podemos relacionar este texto de Mateus com o texto base de nosso devocional de hoje. Não podemos confiar apenas em nossos sentidos para escolher qual o caminho mais adequado para nós. Provérbios diz que, embora o caminho "pareça" certo, ele conduz à morte e Mateus mostra que a facilidade e a visibilidade podem ser enganosas em muitos casos. O caminho estreito é encontrado por poucos, mas ele conduz à vida.

Não confie apenas em seu instinto ou intuição com relação ao seu atual caminho. Muitas vezes, um grande desafio em nossa vida que, à primeira vista parece uma situação equivocada, pode revelar um propósito mais profundo de nos levar ao amadurecimento e a uma dependência maior de Deus.

"Não só isso, mas também nos gloriamos nas tribulações, porque sabemos que a tribulação produz perseverança". Romanos 5:3

Da mesma maneira, uma vida pautada apenas na satisfação pessoal e nas aparências externas não dá garantias de que se está no melhor caminho. Por um detalhe muito importante: viver desta forma não leva em consideração a existência de uma eternidade. Segundo a Bíblia, nosso tempo na terra é quase nada quando comparado à eternidade. Assim, não faz sentido viver apenas pensando no presente, pois nossa vida não é o fim da história, mas apenas seu início. Jesus nos alerta sobre isso no Evangelho de Mateus:

"Não acumulem para vocês tesouros na terra, onde a traça e a ferrugem destroem, e onde os ladrões arrombam e furtam. Mas acumulem para vocês tesouros no céu, onde a traça e a ferrugem não destroem, e onde os ladrões não arrombam nem furtam". Mateus 6:19-20.

A lógica do Reino muitas vezes não fará sentido a partir de uma mentalidade secular. Ela é conflitante com os sistemas criados por homens, por isso precisamos confiar não em nossos sentidos, mas nAquele que nos criou para o louvor de Sua glória. Não impressionamos a Deus com o grande salário que recebemos, com o tamanho da casa em que vivemos ou, ainda, com o carro que dirigimos. Quem se importa com isso são os seres humanos.

Só podemos oferecer uma coisa para um Deus que tem tudo: o nosso coração. Um coração que busque a Ele com uma devoção sincera e que se preocupe com o sofrimento do próximo. Viver assim é o melhor caminho que podemos escolher.

Desafio: o que você pode fazer hoje para ajudar a diminuir o sofrimento de alguém? Uma das únicas maneiras de nos protegermos de um caminho egoísta e mesquinho é investindo parte de nossa renda em projetos que levem o Reino de Deus de maneira integral para os mais desassistidos. Faça uma pesquisa nos projetos ativos em sua região e se informe sobre como você pode ajudar. Cuide de sua vida profissional e carreira, mas não se esqueça de que a parte mais importante é o que você acumula para a eternidade!

Modo Gamer: vá para o Dia 19

Código Secreto:

GBPRP

NÍVEL **DIFÍCIL**

DIA 16

GEARS OF WAR

"Disse Deus: "Eis que lhes dou todas as plantas que nascem em toda a terra e produzem sementes, e todas as árvores que dão frutos com sementes. Elas servirão de alimento para vocês. E dou todos os vegetais como alimento a tudo o que tem em si fôlego de vida: a todos os grandes animais da terra, a todas as aves do céu e a todas as criaturas que se movem rente ao chão". E assim foi".
Gênesis 1:29-30

Gears of War é uma franquia de sucesso exclusiva para a plataforma *Xbox 360* e *Xbox One*. Produzido pela *EPIC Games* e lançado em 2006, conta até o momento com cinco episódios e um anterior aos eventos principais, chamado *Gears of War: Judgment*. Uma versão remasterizada do primeiro título foi feita para o *Xbox One* em 2015 com o nome de *Gears of War: Ultimate*. De todos os que tive o prazer de jogar, o segundo é meu preferido, com uma excelente jogabilidade e enredo. Falando nele, tentarei resumir a história principal, pois ela será a base para nosso devocional de hoje.

Não sabemos quando a história se passa, apenas que é num futuro distante, em que o planeta chamado *Sera* foi colonizado por um grupo de humanos. Não sabemos se o nosso planeta natal foi destruído e os

remanescentes de nossa espécie são os habitantes desta colônia. A exploração intensiva dos recursos naturais causou um colapso energético no planeta, até que um acidente, com uma grande máquina de escavação para encontrar petróleo, descobre um novo composto, chamado *Imulsion*. A partir das pesquisas da cientista *Helen Cooper*, a substância passou a ser usada para fornecer energia abundante e barata para *Sera*. Como nem todos os territórios do planeta possuíam reservas do composto, os benefícios desta descoberta ficaram concentrados nas mãos de poucas nações. Assim, a especulação monetária e o mercado financeiro ficam cada vez mais dependentes do valor agregado do *Imulsion*. Isso derruba o valor de negociação do produto e o seu preço e, por fim, as economias colapsam.

A crise econômica resulta em ações militares entre as nações desenvolvidas contra as nações em desenvolvimento, em uma guerra que ficou conhecida como *Pendulum Wars*. Duas coalizões se formam durante os mais de 75 anos de guerra: *COG (Coalização de Governos Ordenados)* e *UIR (União de Repúblicas Independentes)*.

Destacamentos de elite das forças *COG* roubam os projetos de uma poderosa arma desenvolvida pela *UIR*, denominada *Hammer of Dawn*. Ela consistia em raios disparados por satélites com poder de devastar cidades inteiras. Esta iminente ameaça de destruição gera um armistício. Quando, enfim, a população do planeta começa a se recuperar do colapso, algo inusitado acontece: das profundezas do planeta, milhares de seres reptilianos chamados *Locust*, invadem a superfície, matando cerca de noventa por cento da população humana em vinte e quatro horas. Este trágico evento ficará conhecido como *Emergence Day*.

Os grupos remanescentes migram para a cidade de Jacinto, o último bastião seguro pelo solo de granito que a protege dos ataques vindos do subterrâneo. Em um ataque desesperado, a Coalização dispara vários satélites com a *Hammer of Dawn*, na esperança de acabar com a ameaça de uma vez por todas. A história continua a partir da trajetória do sargento *Marcus Fenix* que, após permanecer quatorze anos preso por deserção, lidera o famoso *Esquadrão Delta*, executando missões especiais para tentar mudar os rumos desta guerra.

O planeta *Sera* foi destruído pelo consumo total de seus recursos naturais e energéticos. Quando surge uma opção, ela serve apenas para aumentar as desigualdades sociais entre as nações que possuem ou não as reservas do composto *Imulsion*. Ainda bem que o planeta representado em *Gears of War* é fictício e nada tem a ver com a realidade...será?

No mundo globalizado, todos os fenômenos climáticos são sentidos e vistos em tempo real. Desta forma, é possível constatar que tudo está interligado e conectado. Pesquisas apontam cenários bastante pessimistas se nada for feito com relação à maneira como interagimos com o meio ambiente. Acompanhamos queimadas e desmatamentos que estão destruindo os últimos rincões de vida selvagem do mundo, aproximando o ser humano de novos microorganismos e patógenos que até então estavam distantes de nós. O contato com eles resulta em novas doenças e pandemias para as quais não temos imunidade ou resistência. O derretimento das calotas polares acontece pelos efeitos do aquecimento global, fruto da poluição desmedida e desmatamento, aumentando o nível dos oceanos – o que pode causar, no longo prazo, catástrofes em cidades litorâneas, se nada for feito hoje. Exemplos não faltam de que não temos sido bons como humanidade no cuidado com a nossa casa. Diferentemente dos humanos de *Gears of War*, não temos nenhuma alternativa viável para colonizar outros planetas até o momento.

Como cristãos, qual deve ser o nosso posicionamento com relação ao meio ambiente? Gosto muito do conceito de mordomia cristã. Na educação por princípios, este é um dos sete pilares principais. Este princípio está descrito nos seguintes textos bíblicos:

"O que se requer destes encarregados é que sejam fiéis". 1 Coríntios 4:2

"Assim, se vocês não forem dignos de confiança em lidar com as riquezas deste mundo ímpio, quem lhes confiará as verdadeiras riquezas?" Lucas 16:11

No primeiro texto, Paulo está dizendo que o que se requer de encarregados ou mordomos (em algumas traduções) é que eles sejam encontrados fiéis. Os mordomos não têm posses, mas cuidam dos bens de seu chefe ou patrão. Neste sentido, somos encarregados de Deus para cuidar de sua criação com fidelidade e sabedoria. Os atos de sujeitar e dominar a natureza, como descritos em Gênesis 1:28, não são permissões para destruir e exaurir os recursos do planeta.

No segundo texto, Jesus está falando de dois níveis de riqueza: uma terrena e outra espiritual. Ser digno no cuidado com a primeira é pré-requisito para receber a oportunidade de possuir as verdadeiras riquezas, as espirituais.

Como cristãos, devemos ser bons mordomos da Criação de Deus. Tudo o que existe pertence a Ele, cabendo a nós, como bons filhos e filhas, cuidarmos bem de nossa casa, que é o planeta Terra. Ele nos foi dado como herança por nosso Pai, para que venhamos a usufruir com sabedoria desta grande casa que dividimos com bilhões de pessoas.

Desafio: qual é a sua relação com o meio ambiente? Você participa de programas de coleta seletiva e de economia de recursos naturais em sua rotina? Faça uma pesquisa em sua cidade sobre as medidas que são tomadas para facilitar a proteção da natureza a nível local. Verifique se sua cidade possui uma Secretaria do Meio Ambiente e veja quais são os programas disponíveis neste sentido. Como sua família e sua igreja local podem contribuir para que as próximas gerações tenham uma boa "casa" para viver?

Modo Gamer: vá para o Dia 20

Código Secreto:

NÍVEL**EXTREMO**

DIA 17

SPACE INVADERS

"O que foi tornará a ser, o que foi feito se fará novamente, não há nada novo debaixo do sol". Eclesiastes 1:9

Space Invaders, lançado no Japão pela empresa *Taito*, em 1978, virou febre no mundo todo. A empresa fabricou mais de 360.000 máquinas arcade (os famosos fliperamas) em todo o mundo, faturando cerca de 2 bilhões de dólares em fichas. Em 1980, o jogo ganhou sua versão doméstica através do cartucho do console *Atari* e foi considerado um dos jogos essenciais para o videogame clássico. Ganhou diversos prêmios, e figura em listas de sites especializados como um dos jogos mais influentes de todos os tempos. Mas quais eram os seus diferenciais?

O jogo se passa durante uma invasão à terra. O jogador comanda uma espaçonave humana, que é a última linha de defesa contra os *aliens*, sempre avançando em ondas. Ele teve como inspiração um grande filme que você já deve ter ouvido falar, *Star Wars*, de 1977, mas também *Guerra dos Mundos*, de 1953, que, por sua vez, foi o primeiro projeto de adaptação bem sucedido do clássico de *H.G.Wells*, de 1898.

O detalhe interessante a respeito deste clássico é que o jogo é sempre o mesmo: todos os elementos da primeira fase ou onda serão os mesmos em todas as demais, mudando apenas o nível de dificuldade.

1288 POINTS LIFE

Ao longo do tempo, as fases iniciam mais baixas, para que o jogador tenha menos tempo para sua defesa e os alienígenas ficam mais rápidos. Uma vez que o jogador tenha decorado os movimentos dos oponentes, não é um grande desafio passar pelas fases do jogo. Baseado nisso, quero apresentar dois elementos para nossa edificação. Está preparado ou preparada? Vamos lá!

Em primeiro lugar, por meio da falta de novidade no jogo, aprendemos que é possível perder o interesse em novos desafios. Muitas pessoas estão de certa forma "presas" em alguma fase de suas vidas há muito tempo. Por isso encontram desânimo e não sentem vontade de continuar. Converso com muitos jovens e adolescentes que querem largar tudo para ficarem trancados em seus quartos o resto de suas vidas, porque não conseguem lidar com determinadas situações. O texto base de hoje nos ajuda a compreender o que se passa na mente e no coração dessas pessoas, junto com o autor de Eclesiastes e a sua frase que se repete à exaustão neste livro: não há nada novo debaixo do sol. O devocional de hoje é um convite para refletirmos sobre nossas vidas. Como você se sente com relação à felicidade? Você se considera uma pessoa feliz? Se a resposta for não, é tempo de pensar nos fatores que levaram a esta tristeza, insatisfação ou ansiedade com relação ao futuro.

Um dos maiores problemas de nossa geração é não pararmos para refletir e pensar sobre nossas vidas. Ao longo da jornada é fundamental efetuarmos ajustes que nos ajudem a melhorar neste jogo chamado vida! O sentimento de estagnação espiritual que podemos ter pode levar a uma insatisfação com os rumos que estamos tomando. A sensação é semelhante a você ficar preso no chefão de uma fase do jogo. Eu posso dizer a vocês que já passei por isso na época em que os jogos eram difíceis e não havia mundos abertos para se explorar no sistema de conquistas que temos em nossos dias. Confesso que, quando eu ficava preso no final de uma fase por muito tempo, acabava desanimando com o jogo. Neste sentido, muitos de nós estão desanimados com o futuro por não conseguirem lidar com seu presente.

A solução para esta questão pode parecer óbvia, mas muitos não conseguem enxergar: é necessário encarar seus problemas e resolvê-los para superar os desafios do presente. A jornada não termina com isso, apenas libera novas fases que levarão você a desenvolver novas habilidades e competências para superar o que vier pela frente. Compreender nossas limitações é fundamental para uma vida equilibrada. A Palavra nos mostra onde podemos encontrar a felicidade:

"Senhor dos Exércitos, como é feliz aquele que em ti confia!" Salmos 84:12

Existe alguém com quem você precise conversar para resolver alguma questão? Faça isso hoje! Precisa pedir perdão para seus pais, ou seus filhos? Não deixe para amanhã! Afinal, não sabemos e não temos nenhum controle sobre o que vai acontecer no futuro. Por esta razão, é fundamental que tenhamos como meta de vida resolver os problemas assim que eles aparecerem. Resumindo: não deixe para amanhã o que você tem consciência que deve ser resolvido hoje!

O segundo elemento de nossa conversa é que nem toda a rotina é ruim, muito pelo contrário! Na era das redes sociais, muitas vidas tornam-se um espetáculo falso e vazio, pois a vida real não é uma somatória de eventos épicos, lugares legais e pessoas descoladas como nas propagandas. A vida comum pode nos ensinar um princípio poderoso, e eu, como seu companheiro de jornada nestes 40 dias, gostaria de pedir-lhe algo. Se, ao final deste livro, você precisar escolher algo para guardar em seu coração por toda a sua vida, escolha isso: o Evangelho é simples! Esta era em que vivemos, na qual as experiências reais estão se transformando em narrativas vazias, pode nos levar a transferir esta mentalidade para nosso cristianismo. Isso é muito perigoso, pois seremos tentados a viver apenas de experiências espirituais e grandes eventos. Porém, o segredo de uma vida cristã de sucesso é o que acontece quando os holofotes estão desligados e ninguém está vendo nossa espiritualidade, além do Único que é onipresente e conhece todas as intenções de nossos corações.

Crie uma rotina saudável na Presença de Deus! Seja sistemático ou sistemática em seu tempo de leitura da Palavra, oração, jejum, enfim, nas disciplinas espirituais. Esta é uma das chaves para uma vida extraordinária. Uma vida extraordinariamente comum!

Desafio: hoje gostaria que você refletisse sobre a rotina em sua vida. No texto acima, falamos sobre dois tipos de rotina: aquela que nos impede de prosseguir em nossa jornada por estarmos presos em pecados e comportamentos nocivos. Mas também falamos daquela que é boa, necessária e agradável: a rotina de um relacionamento saudável com Deus. Quais são as suas dificuldades para estes dois desafios? Quais são os pecados com os quais você tem lidado sozinho ou sozinha em sua jornada? Você tem conseguido ser mais consistente em sua rotina diária com Deus? Procure sua liderança na igreja local para conversar sobre estas dificuldades e tenha alguém que possa acompanhar você nesta estação de sua vida. Não podemos e não devemos caminhar sozinhos em nosso cristianismo!

Modo Gamer: vá para o Dia 21

Código Secreto:

.--- --- .-.

-. .- -.. .- ...

DIA 18

STREET FIGHTER

"Então Paulo levantou-se na reunião do Areópago e disse: "Atenienses! Vejo que em todos os aspectos vocês são muito religiosos, pois andando pela cidade, observei cuidadosamente seus objetos de culto e encontrei até um altar com esta inscrição: AO DEUS DESCONHECIDO. Ora, o que vocês adoram, apesar de não conhecerem, eu lhes anuncio". *Atos 17:22-23.*

Street Fighter não foi o primeiro jogo de luta da história – existiram outros antes dele, como *Heavyweight Champ*, de 1976; *Karate Champ*, de 1984 e *Yie-Ar Kung Fu*, de 1985. A empresa *CAPCOM* lançou a sua versão em 1987 para o arcade. Um detalhe interessante é que este é um dos casos na história do entretenimento em que a sequência faz mais sucesso que o capítulo inicial. O primeiro jogo não foi muito bem nas vendas, mas tinha um elemento que mudou a maneira como os arcades de luta foram projetados desde então. O comum eram controles com dois botões para dar os golpes, mas em *Street Fighter* os botões eram hidráulicos, o que permitia que o jogador usasse intensidades diferentes de força para alternar entre soco e chute fraco, médio ou forte.

A ideia pode ter sido boa, mas como os jogadores tinham a tendência em exagerar na força, os desenvolvedores resolveram transformar os dois botões com três estágios cada, em seis botões, sendo três para soco e três para chute. Este formato seria copiado em praticamente todos os jogos do gênero.

A série ganhou notoriedade a partir do segundo título chamado *Street Fighter II: The World Warrior*, lançado em 1991 pela mesma desenvolvedora. Depois de virar febre nos arcades do mundo todo, ele foi convertido para consoles domésticos e ajudou a alavancar as vendas do *Super Nes* durante o início da década de 90.

O jogador poderia escolher entre oito personagens iniciais, cada um com um estilo de luta único e exclusivo. Entre eles estavam os japoneses *Ryu* e *E. Honda*, os americanos *Ken* e *Guile*, o russo *Zangief*, o indiano *Dhalsim*, o brasileiro *Blanka* e a chinesa *Chun-Li*. Após as lutas preliminares entre estes, surgiam os quatro chefes finais que tiveram os nomes trocados entre a versão japonesa e a americana, por receio de problemas com direitos autorais. O primeiro era um lutador de boxe americano chamado *M. Bison* no Japão e *Balrog* nos EUA; o segundo é um assassino espanhol com garras e uma máscara chamado *Balrog* no Japão e *Vega* nos Estados Unidos; um lutador tailandês chamado *Sagat* em ambas as versões e um ditador megalomaníaco chamado *Vega* na versão japonesa e *M. Bison* na americana. Toda esta troca de nomes aconteceu pelo receio de um processo por parte do boxeador americano *Mike Tyson*, que foi a inspiração para o personagem do jogo.

Além da jogabilidade específica para cada personagem, a trilha sonora também é muito boa e os cenários onde as lutas acontecem apresentam elementos culturais do país de origem, como elefantes na Índia ou a floresta amazônica no Brasil. Este estudo para os cenários e músicas com elementos da cultura de cada país presente em *Street Fighter* será o ponto de partida para nosso Devocional.

O texto base de hoje revela a estratégia de Paulo na pregação do Evangelho de Cristo aos gentios que, em bom português, eram todos aqueles que não eram judeus. O capítulo 17 é uma joia sobre evangelismo na prática e hoje, vinte séculos depois deste episódio, ainda é bastante atual. Este texto é tão importante que é uma das bases teóricas de todos os livros da série 40 Dias. Sobre este episódio, a Bíblia nos relata que:

"Enquanto esperava por eles em Atenas, Paulo ficou profundamente indignado ao ver que a cidade estava cheia de ídolos". Atos 17:16

Esta indignação não impediu que ele pregasse sobre Jesus pela cidade, ao ponto de Paulo ser convidado pelos intelectuais atenienses para que explicasse sobre este novo ensinamento que ele estava propondo. Nesta conversa, Paulo utiliza a cultura grega para alcançar a mente de seus ouvintes. Ele contextualiza as verdades contidas tanto no Antigo Testamento hebraico, como também nas experiências transmitidas pelos apóstolos sobre o ministério de Jesus. Ele consegue adaptar sua linguagem para fazer sentido aos gregos, pois talvez explicar o Pentateuco e os Profetas para esta cultura não surtisse muito efeito neste primeiro contato. O que eu mais gosto desta aula magnífica de contextualização que Paulo nos dá é o desfecho desta história:

"Quando ouviram sobre a ressurreição dos mortos, alguns deles zombaram, e outros disseram: "A esse respeito nós o ouviremos outra vez". Com isso Paulo retirou-se do meio deles. Alguns homens, juntaram-se a ele e creram. Entre eles estava Dionísio, membro do Areópago, e também uma mulher chamada Dâmaris, e outros com eles". Atos 17:32-34 (Grifos do autor)

O Evangelho precisa ser pregado a todas as pessoas, de geração em geração. Neste sentido, precisamos do conhecimento bíblico para saber a respeito de quem estamos falando para pregarmos com ousadia e convicção. Além disso, é fundamental buscar viver de acordo com o poder do Espírito Santo, pois é Ele quem convence o homem do pecado, da justiça e do juízo, conforme João 16:7-8. Um terceiro elemento desta equação sobre o evangelismo bíblico é contextualizarmos o evangelho. Este conceito aproxima a Palavra de Deus da realidade cultural de quem ouve e precisa ser uma preocupação em nossa comunicação. Além do conteúdo adaptado culturalmente, é importante que o que se fala esteja alinhado com a faixa etária de quem está nos ouvindo para que seja compreendido.

Paulo nos ensinou o caminho para alcançar o coração e a mente de nossos ouvintes. Tudo o que precisamos fazer é seguir seus passos e repetir o que ele fez. Esta estratégia funcionou no século I, funcionou durante toda a história da igreja e continua funcionando agora! Será que você faz parte deste grupo de pessoas que não mede esforços para pregar o Evangelho de Cristo nesta geração?

Desafio: antes de terminar seu devocional, abra sua Bíblia e leia o capítulo 17 de Atos, anotando todas as contextualizações que Paulo utiliza nesta visita a Atenas. Além daquela que apontamos no texto, você consegue encontrar outras? Como você pode aplicar este princípio em sua realidade? Como você contextualizaria o que prega para quem ouve o que você fala? Compartilhe conosco o seu desafio, pois com certeza seu testemunho abençoará outras pessoas que estão precisando de encorajamento neste dia!

Modo Gamer: vá para o Dia 22

Código Secreto:

NÍVEL MÉDIO

DIA 19

PLANTS VS. ZOMBIES

"Tudo sem sentido! Sem sentido!", diz o mestre. "Nada faz sentido! Nada faz sentido!". *Eclesiastes 12:8*

No jardim de uma casa comum acontece uma épica batalha pela salvação dos donos do imóvel. Hordas de zumbis avançam sem parar e as únicas linhas de defesa para contê-los são as plantas da casa e os cortadores de grama que podem ser usados uma vez em cada rodada desta invasão. Os nomes das plantas são excepcionais. Você pode jogar com a *Disparevilha*, *Batatamina*, *Cereja-Bomba*, *Noz-Obstáculo*, entre dezenas de outras representantes do *Reino Plantae*.

Este é um jogo do gênero *tower defense*, em formato de tabuleiro, no qual o jogador deve posicionar suas peças ou personagens de uma forma que eles sejam capazes de conter o avanço das forças inimigas. Para isso, é necessário traçar uma estratégia e escolher quais seriam as melhores plantas para derrotar os tipos específicos de cada estágio. Ele foi lançado em 2009 pela desenvolvedora *PopCap Games* para *smartphones* e *PC's*. O sucesso do lançamento colocou o jogo no *Xbox 360* no mesmo ano. Desde então, já foram lançados vários títulos desta franquia.

Este foi um dos poucos jogos para celular que eu gostei de jogar. Não sei ao certo o que chamou minha atenção nele, mas suspeito que tenha sido o inusitado em ter duas coisas tão distintas como zumbis de um lado e plantas engraçadinhas de outro. Não faz o menor sentido propor uma batalha como essa! É bem possível que este absurdo conceitual seja justamente o ponto alto do título. Eu acredito que tenha assistido boa parte dos filmes, séries e jogos que tratam da temática do apocalipse zumbi, e nenhum deles passa nem perto da proposta deste jogo. Talvez o jogo *Dead Rising*, que tem uma pegada cômica em que você pode construir armas com as coisas mais insólitas possíveis em um shopping center, seja o mais próximo disso que minha memória possa recordar.

Será que podemos traçar um paralelo entre um jogo que não faz sentido e um livro da Bíblia? Gostaria de aproveitar este confronto inusitado e totalmente insólito, mas muito divertido, para nossa conversa de hoje. Existe um livro na Bíblia na seção dos livros poéticos que geralmente é deixado de lado por aparentemente ter um conteúdo muito mal humorado e difícil de digerir. Estamos falando do livro de *Eclesiastes*. O seu autor é conhecido como *Pregador*, mas as pistas contidas no livro apontam para a possibilidade de ter sido escrito pelo rei Salomão.

Nesta obra, o rei de Israel, provavelmente no fim de sua vida, procura por um sentido para a existência humana. Ele expõe como procurou este sentido em diversas áreas da sociedade humana. Entre tantas experiências que ele teve, destacamos três para nossa análise de hoje:

1 - Dinheiro:

"Ajuntei para mim prata e outro, tesouros de reis e de províncias". Eclesiastes 2:8a

2 - Fama:

"Tornei-me mais famoso e poderoso do que todos os que viveram em Jerusalém antes de mim, conservando comigo a minha sabedoria". Eclesiastes 2:9

3 - Prazeres:

"Não me neguei nada que os meus olhos desejaram; não me recusei a dar prazer algum ao meu coração". Eclesiastes 2:10 a

Mas, depois de experimentar tudo isso, o autor compreende que:

"Percebi que tudo foi inútil, foi correr atrás do vento; não há qualquer proveito no que se faz debaixo do sol". Eclesiastes 2:11b

Desde os anos 1000 antes de Cristo, quando o livro de Eclesiastes foi escrito, as pessoas já lutavam para alcançar estas três áreas apresentadas. Temos o testemunho de alguém que não apenas almejou por isso, mas principalmente alcançou e usufruiu de tudo o que o dinheiro e poder poderiam proporcionar a um mortal. O seu veredito é que nada disso atribui um sentido à vida – ou seja, viver para ficar rico, famoso ou usufruir dos prazeres da carne é inútil. Fazer isso é como "*correr atrás do vento*", uma expressão que se repete muito ao longo da obra.

Sendo assim, seria Eclesiastes um livro pessimista, já que nada faz sentido na terra ou na vida das pessoas? Consigo encontrar esperança na investigação quase antropológica de Salomão, quando ele conclui seu raciocínio:

"Quando voltei a mente para conhecer a sabedoria e observar as atividades do homem sobre a terra, daqueles cujos olhos não veem sono nem de dia nem de noite, então percebi tudo o que Deus tem feito. Ninguém é capaz de entender o que se faz debaixo do sol. Por mais que se esforce para descobrir o sentido das coisas, o homem não encontrará. O sábio pode até afirmar que entende, mas, na realidade, não o consegue encontrar". Eclesiastes 8:16-17.

O autor compreendeu, no fim de sua jornada, que o homem não consegue encontrar o propósito de sua vida ao descartar Deus desta equação complexa. A essência do ser humano, sem o seu Criador, simplesmente não faz sentido. Por isso, aproveite a sua jornada, vivendo para glorificar e adorar a Deus. É nEle que está todo o sentido necessário para encontrar a felicidade e a satisfação nos anos em que vivermos nessa terra. Toda honra e toda a glória pertencem a Deus! Seremos bem sucedidos se ouvirmos o conselho do Pregador de Eclesiastes:

"Agora que já se ouviu tudo, aqui está a conclusão: Tema a Deus e guarde os seus mandamentos, pois isso é o essencial para o homem". Eclesiastes 12:13

Desafio: vamos fazer uma investigação similar à feita pelo autor de Eclesiastes no dia de hoje. Pergunte a pelo menos cinco pessoas sobre o sentido da vida para elas. Pergunte a seus pais, pastores, professores, amigos ou colegas de colégio, faculdade ou trabalho. Vamos ver qual é a resposta para esta questão existencial! Qual chamou mais a sua atenção? Por quê? E qual é a sua resposta para ela?

Modo Gamer: vá para o Dia 23

Código Secreto:

XPPRJX L

NÍVEL**DIFÍCIL**

DIA 20

RED DEAD REDEMPTION

"Deus retribuirá a cada um conforme o seu procedimento". Ele dará vida eterna aos que, persistindo em fazer o bem, buscam glória, honra e imortalidade. Mas haverá indignação para os que são egoístas, que rejeitam a verdade e seguem a injustiça. Haverá tribulação e angústia para todo ser humano que pratica o mal: primeiro para o judeu, depois para o grego; mas glória, honra e paz para todo o que pratica o bem: primeiro para o judeu, depois para o grego. Pois em Deus não há parcialidade". *Romanos 2:6-11*

Red Dead Redemption foi lançado pela empresa *Rockstar Games* em 2010. É um jogo de aventura em terceira pessoa, que se passa em mundo aberto, em 1911, nos derradeiros momentos do Velho Oeste. O título levou cinco anos para ser produzido com muitas pesquisas históricas e estéticas realizadas para que a experiência de imersão fosse satisfatória. Produzido para os consoles *PlayStation 3* e *Xbox 360*, ele conta com mais recursos gráficos, pelo poder de processamento destas plataformas.

Foi aclamado pela crítica com elogios pelos efeitos visuais, trilha sonora, vozes, enredo e jogabilidade.

Um grande sucesso de vendas, com mais de quinze milhões de cópias em todo o mundo. Ganhou vários prêmios, incluindo de melhor jogo do ano, segundo vários veículos especializados. Ele entrou para diversas listas como um dos melhores jogos de todos os tempos.

Eu gosto muito do conceito de mundo aberto que tem se popularizado muito em nossos dias. Aliás, quase todos os jogos de ação atuais estão inseridos neste conceito. A nova geração de jogadores não quer ficar presa a uma única história ou narrativa. Como o Joshua fala quando joga *Spiderman* para o PS4: *"- Mas pai, eu quero fazer tudo o que eu quiser!"*, enquanto balança com as teias pelas ruas de Nova Iorque. Existe um lado positivo neste conceito, que é poder cumprir dezenas de missões secundárias e coletar itens para ganhar troféus e conquistas. Mas, existe também um lado obscuro nesta liberdade que o jogador tem e que, em *Red Dead*, fica bastante evidente. Como somos livres para fazermos o que quisermos, o que nos impede de matar inocentes pelo caminho, roubar e barbarizar as várias cidades que aparecem? Este jogo tem um sistema de moralidade muito interessante para a nossa análise de hoje.

À medida que o jogador interage com o ambiente, o seu nível de fama e honra são alterados, gerando respostas por parte da população local e autoridades. As distâncias entre as cidades são muito longas e percorridas quase sempre a cavalo. Nas estradas acontecem muitas situações em que o jogador escolhe se envolver ou não. Evitar o sequestro de alguém, prender criminosos ou ajudar o xerife com missões locais, são algumas das opções que você tem para manter seu contador de honra e sua fama em alta. Sendo o "mocinho" do jogo, você será saudado nas vilas e cidades, receberá descontos na compra de itens e recompensas maiores quando cumprir missões secundárias. Porém, se adotar a postura de vilão e ignorar os pedidos de auxílio, fazendo parte dos crimes, as pessoas terão medo de sua presença, o comércio fechará suas portas e as oportunidades diminuirão.

Em nossa vida não é diferente. Temos falado sobre caminhos e escolhas a partir de diferentes prismas neste devocional, sendo um de nossos assuntos principais junto com o discipulado cristão. A experiência dos níveis de fama e honra do jogo pode nos ajudar a compreender as consequências de nossas atitudes.

A construção de nosso caráter é um processo em nossa jornada cristã. Isso quer dizer que, em tudo o que fizermos, as nossas intenções serão testadas pela prova do tempo. Vejo que este é um grande problema para muitos jovens em nossos dias. Querem autoridade, respeito e honra em seus projetos, mas sem terem sido experimentados no que fazem. É fato que, no mundo da internet rápida, ficou mais difícil esperar. Tenho acompanhado novos projetos surgirem quase todos os dias no que diz respeito a páginas e sites sobre cultura e cristianismo. Eu acho maravilhoso! A grande questão é que percebo uma certa ansiedade em ver as coisas acontecendo. Em muitos casos, quando a resposta e o resultado almejado não acontecem na velocidade em que se espera, surge o desânimo e muitos desistem. Quero aprofundar esta questão com vocês no devocional de hoje.

Em primeiro lugar, num mundo volátil de verdades relativas como este, as pessoas esperam encontrar estabilidade em nossos projetos. Neste sentido, não espere receber apoio maciço no dia do lançamento. Você precisa provar que sua ideia não vai mudar em três minutos. Pensando especificamente no projeto

Parábolas Geek, por muito tempo caminhamos eu e a Meiry, contando com o apoio de nosso pastor e a contribuição esporádica de amigos de caminhada.

Em segundo lugar, o tempo da espera ajuda a revelar a motivação de nossos corações. Caso queiramos fama ou honra, é sinal de que estamos no ramo errado! Tudo o que fizermos para o Reino precisa ter um objetivo primordial de fazer Cristo crescer diante de nossa diminuição voluntária.

Em terceiro lugar, é necessário conhecer o universo que você deseja explorar. Estudar os assuntos com os quais você queira trabalhar ajuda muito a ter um diferencial. É muito válido buscar inspiração em pessoas e projetos que admiramos. Devemos pensar no que estamos fazendo ou querendo fazer, e como isto se difere de outros trabalhos que já atuam no mesmo segmento ou área. O que levaria o seguidor de um projeto já estabelecido a seguir um segundo, se o que ele faz for idêntico ao primeiro? Não podemos concorrer uns com os outros no Reino de Deus! Precisamos somar, alcançando as pessoas, ao mesmo tempo em que fechamos as lacunas existentes.

Em quarto e último lugar, a frase é clichê, mas funciona: "antes feito que perfeito". Muitas vezes queremos fazer algo perfeito e nunca começamos. Antes dos equipamentos de filmagem de última geração e iluminação de estúdio, comece com o que você tem. Leia tutoriais, assista vídeos que ajudem a começar e depois vá aprimorando. O seu melhor trabalho (vídeo, texto, pregação, aconselhamento, célula) será sempre o próximo!

Sonde o seu coração constantemente sobre as suas motivações, siga estes passos, tenha paciência e colha os frutos de seu trabalho. Acima de tudo, não desanime! Você não é o primeiro nem será o último que precisou trabalhar durante o tempo de espera pelo cumprimento das promessas de Deus!

Desafio: hoje, vamos escrever sobre o seu projeto. Se você não tem nenhum, então esta é uma excelente oportunidade para começar e pensar nele! Qual é o seu objetivo? Quem já faz algo semelhante? O que eu vou fazer que ninguém mais faz? Quais as parcerias que posso desenvolver? Como vou manter a regularidade deste projeto?

Estou na expectativa para ver os seus frutos nesta geração!

Modo gamer: vá para o Dia 24

Código Secreto Nível Extremo:

NÍVEL**EXTREMO**

DIA 21

MARIO BROS

"Pois muitos são chamados, mas poucos são escolhidos". Mateus 22:14

Super Mario Bros é um jogo criado para o console *NES* em 1985, vendendo mais de 48 milhões de unidades, alavancando a venda do videogame da *Nintendo*. Desde então, *Mario* já apareceu em mais de 200 títulos de diversos consoles. Nele, uma estrutura clássica dos jogos de plataforma seria repetida milhares de vezes: o herói percorre um cenário da esquerda para a direita chegando ao final da fase, onde enfrenta um chefe para testar suas habilidades. Ao final do jogo, *Mario* resgata a *Princesa Peach*, que pode restaurar a ordem no *Reino dos Cogumelos*, deturpada pelo vilão *Bowser*. Outro elemento clássico dos jogos que nasce em *Mario Bros* é o tutorial na primeira fase. O jogador aprende os comandos enquanto passa pelo início do game.

Eu gostaria de usar uma curiosidade a respeito deste personagem que aconteceu quatro anos antes do lançamento oficial de seu jogo solo. O criador de *Mario*, *Shigeru Miyamoto*, recebeu a missão da *Nintendo* de criar um jogo que agradasse o mercado estadunidese. A *Nintendo*, que abriu suas atividades em 1889, fazia jogos de cartas em seu início. Por isso, possuía os direitos de vários personagens famosos nos Estados Unidos, como *Popeye*, *Mickey Mouse*, entre outros. A ideia de *Shigeru* era criar um jogo no qual o famoso marinheiro deveria salvar *Olívia Palito* de *Brutus*, que ficaria lançando barris do topo de um prédio. O protagonista deveria subir esta estrutura, desviando dos ataques para realizar o resgate.

Tudo estava pronto, mas a demora em fechar o uso dos direitos do personagem atrapalharia o lançamento e a empresa decidiu desistir da ideia. Na última hora, *Shigeru* usou outra referência famosa da época e trocou *Brutus* por um gorila, ao estilo *King Kong*, *Olívia* foi substituída por uma donzela chamada *Pauline* e o marinheiro *Popeye* virou *Jumpman*, que seria mais tarde o encanador Mario que conhecemos nos jogos. Nascia assim *Donkey Kong*, mais um clássico na origem da indústria dos games. É interessante perceber que tanto o herói como o vilão deste jogo tenham se transformado em ícones da cultura pop mundial.

Eu gostaria de aproveitar esta troca repentina de personagens para falar com você sobre a dinâmica de sermos úteis ao Reino de Deus em nossa geração. Quando o profeta Samuel chega na casa de Jessé, para ungir o novo rei de Israel, Davi não foi o primeiro a ser chamado. Na verdade, ele foi esquecido por seu pai pois, aos olhos humanos, todos os tinham atributos mais próximos a um rei que o pastor e músico Davi. Apenas quando todos outros filhos foram apresentados ao profeta, e nenhum deles foi escolhido, Davi foi chamado e ungido rei em secreto. Levaria anos para que a promessa se cumprisse em sua vida, mas este momento é chave para compreender o coração do futuro rei.

Acredito que o diferencial de Davi estava em conhecer sua identidade em Deus. Ele tinha um propósito, e não importava se ele era o primeiro da lista no exército de Israel, ou apenas o entregador de marmitas de seus irmãos, ele vivia cada experiência com intensidade para o Senhor. O meio em que ele estava não o definia, pois a sua essência era a mesma no pasto, lutando contra o urso e o leão, ou no campo de batalha lutando por Israel contra seus inimigos.

Você não foi a primeira opção para uma vaga de emprego? Na liderança cristã, outro deveria ter ocupado seu lugar, mas desistiu e "sobrou para você?" Não se importe com isso! A palavra de Deus é clara com relação a esta busca por status e posição em nossa vida:

"Assim, os últimos serão primeiros, e os primeiros serão últimos". Mateus 20:16

Este texto bíblico é o encerramento de uma parábola na qual o dono de uma vinha contrata funcionários ao longo do dia. Alguns começaram a trabalhar nas primeiras horas da manhã, outros perto da hora do almoço, e ainda outros no final da tarde. O interessante é que o patrão paga a todos o mesmo salário, independentemente da hora em que começaram a trabalhar. Isso causa indignação naqueles que começaram mais cedo e que não acharam justo o pagamento igualitário. Mesmo que o pagamento tenha sido combinado antes, os que iniciaram pela manhã achavam que deveriam ganhar mais. Jesus diz que o Reino de Deus é semelhante a esta parábola. Então, devemos parar de olhar para aquilo que nós achamos justo e agradecer pela generosidade e graça de Deus, que não retribui conforme nossas obras, mas segundo nosso coração e motivação:

"O Senhor não vê como o homem: o homem vê a aparência, mas o Senhor vê o coração". 1 Samuel 16:7b

Faça sua parte, de maneira especial, nos momentos em que estiver sozinho ou sozinha, no secreto. Seja fiel e firme em suas convicções, de acordo com a Palavra, para que, no tempo certo, o propósito de Deus se cumpra em sua vida, como aconteceu com o *Mario* e com o rei Davi!

Desafio: você já pensou haver pessoas melhores do que você para realizar determinadas tarefas? Como você lidou ou ainda lida com este tipo de pensamento? Que tal ajudar alguém em sua percepção sobre seu potencial em Deus? Para isso, oferecemos um passo a passo:

- **Separe um tempo de oração para interceder por novos membros de sua igreja local com os quais você não costuma conversar muito;**
- **Escolha um irmão ou irmã em Cristo e envie mensagens dizendo o quão especial eles são para Deus e para você;**
- **Encoraje esta pessoa a perseverar em sua jornada, fazendo tudo como se fosse para o Senhor;**
- **Coloque-se à disposição para ajudar e ser um instrumento para abençoar esta pessoa.**

Sinta a alegria de ser útil ao Reino ajudando novos embaixadores de Cristo em sua geração!

Modo Gamer: vá para o Dia 25

Código Secreto:

-.-. --- -- .

-.-. .- --

NÍVEL**FÁCIL**

DIA 22

FINAL FANTASY

"Mas o homem que observa atentamente a lei perfeita que traz a liberdade, e persevera na prática dessa lei, não esquecendo o que ouviu mas praticando-o, será feliz naquilo que fizer". *Tiago 1:25*

Role-playing Game é o que costumamos chamar popularmente de *RPG*, uma categoria de jogos mais complexos do que a simples passagem de fases para derrotar um chefe no final. É preciso desvendar quebra-cabeças ou "puzzles", lutar com inimigos mais fracos para ganhar pontos de experiência também chamados de *XP*, para estar capacitado a vencer lutas mais difíceis. Um bom RPG também conta com muitos diálogos, e você precisa compreender o que é falado, pois as dicas dos próximos passos ou lugares a se visitar estão nestas conversas. Um de meus preferidos, e que mudou alguns aspectos práticos em minha vida, foi a franquia *Final Fantasy*, cujo primeiro jogo foi lançado por uma pequena empresa, chamada *Square*, em 1987.

A empresa estava à beira da falência e este jogo seria o seu último lançamento. Usando como base outros jogos semelhantes, como o próprio *The Legend of Zelda*, os desenvolvedores criaram um jogo com um território muito grande para os padrões da época, que precisava ser explorado à medida que o enredo era desenvolvido. O diretor de planejamento da empresa, *Hironobu Sakaguchi*, entendendo que este seria o último projeto antes da falência e fechamento da empresa, batizou o jogo de *Final Fantasy* (ou Fantasia Final, em tradução), criado originalmente para o console *Famicom*. *Sakagushi* produziu o jogo, que teve o desenhista de mangá *Yoshitaka Amano* no *design* dos personagens e o compositor *Nobuo Uematsu*, na produção das músicas do jogo. A trilha sonora era muito maior do que a média de seu tempo, tendo mais de vinte músicas tocadas em diferentes partes do jogo. *Nobuo* é considerado um gênio das composições de jogos.

Aquele que foi concebido para ser o último jogo de uma combalida empresa, acabou se transformando em um dos RPG's mais populares de seu tempo, e consta em várias listas dos 100 melhores jogos de todos os tempos pelas revistas especializadas e pelas listas dos fãs. *Final Fantasy* se transformou em uma das maiores franquias de RPG's de todos os tempos.

O enredo do primeiro jogo da série mostra quatro guerreiros que possuem artefatos, representando os elementos, e que se reúnem para salvar o mundo do caos instaurado por quatro monstros que trouxeram trevas e destruição. Cada monstro detinha um orbe, que nos remakes passaram a ser cristais. Eles acreditavam que, derrotando os inimigos e reunindo os orbes, tudo seria restaurado. O que acontece, no entanto, é que o verdadeiro vilão é invocado pelos heróis com a reunião dos artefatos. Todos acabamos manipulados pelo enredo para que criássemos o demônio *Chaos*, que orquestrou todos os passos da história. Uma viagem no tempo acontece para que o vilão fosse derrotado no passado e, enfim, a paz pudesse ser restaurada.

Eu teria vários elementos para extrair desta franquia, e com certeza, vamos rever vários jogos deste devocional em projetos futuros, se o Senhor assim permitir. Mas estou usando como critério a minha experiência pessoal com alguns destes jogos, por isso gostaria de apontar algo que aprendi quando joguei *Final Fantasy III*. O jogo tinha uma história tão envolvente que era muito difícil deixar de pensar nele. Mas, no auge de meus 14 anos de idade, havia um desafio muito maior do que inimigos com mais experiência que meus personagens: os diálogos. Na época não tínhamos as facilidades das legendas em português, com exceção de alguns jogos do console *Master System*, que eram produzidos no Brasil. Todos os demais jogos vinham em inglês e um RPG, para ser bem jogado, depende da compreensão das falas para uma melhor experiência. Como eu gostava muito deste jogo, não tive dúvidas: comprei um dicionário, que foi meu companheiro de aventura. É verdade que levou muito mais tempo que o normal, pois eu consultava o dicionário e transcrevia as conversas para o português, mas ao menos agora eu sabia o que estava fazendo no jogo, ao invés de simplesmente perambular sem direção pelo mundo. Depois de *Final Fantasy*, os próximos jogos que exigiam a compreensão do inglês foram ficando cada vez mais fáceis de entender.

O meu contato com os *RPG's* durante a adolescência trouxe, além da diversão e do lazer, a compreensão da língua inglesa! Antes dos cursos que viria a fazer mais tarde, eu consegui uma boa base de compreensão de textos através dos videogames.

Quando buscamos viver conforme as Escrituras, seguindo os passos de Jesus na terra, como verdadeiros discípulos, conquistaremos sempre muito mais do que poderíamos esperar. Não é apenas a salvação eterna da condenação, o que já seria suficiente para justificar uma vida voltada à devoção a Deus. Como o texto base de hoje nos afirma, se aprendermos com a Bíblia e, mais importante que isso, praticarmos o que temos aprendido, seremos felizes em tudo o que fizermos. Em outras palavras, quando voltamos nossa vida para o Evangelho e procuramos viver um cristianismo genuíno e verdadeiro, não será apenas a área espiritual de nossas vidas que alcançará uma melhora significativa, mas todas as outras serão beneficiadas por esta mudança.

Da mesma forma como aprendi uma nova língua ao jogar RPG's, quando nos dedicamos a Deus, além da salvação, ganhamos novos amigos, líderes que nos apoiam e oram por nossas vidas, paz de espírito, autogoverno, um caráter aprovado, uma mente mais sábia, enfim, não existem contraindicações. Ainda que venhamos a sofrer pela fé que professamos, os benefícios são milhares de vezes superiores que as aflições e desafios que passamos.

Vale a pena viver por este propósito!

Desafio: quais são as habilidades que você está desenvolvendo a partir do seu cristianismo? Pense um pouco sobre tudo o que você gostaria de aprender para servir melhor em sua igreja local e anote quais são essas habilidades. Aprender um instrumento musical? Cantar? Pregar? Mídias Sociais? Missões? Agora mostre para seus pais e líderes para juntos traçarem um plano. Assim, você poderá trabalhar nestas áreas e ajudará com mais eficiência em sua igreja local, ganhando novos aprendizados para toda a vida!

Modo Gamer: vá para o Dia 26

Código Secreto:

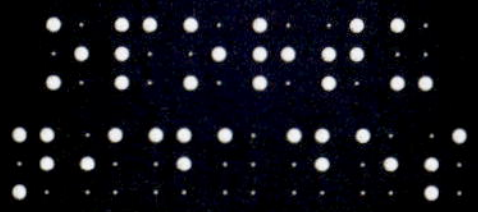

NÍVEL MÉDIO

DIA 23

SUBWAY SURFERS

"Os olhos dos dois se abriram, e perceberam que estavam nus; então juntaram folhas de figueira para cobrir-se. Ouvindo o homem e sua mulher os passos do Senhor Deus que andava pelo jardim quando soprava a brisa do dia, esconderam-se da presença do Senhor Deus entre as árvores do jardim".
Gênesis 3:7-8

Subway Surfers é um jogo para tablets e celulares produzido pelas empresas *Kíloo* e *Sybo Games* lançado no ano de 2012. O jogo pertence à categoria de corrida sem limite, no estilo *World Tour*, na qual a história sempre acontece numa nova cidade com características estéticas distintas. Fases em Nova Iorque, Transilvânia, Bangkok, Rio de Janeiro, São Paulo, Dubai, Buenos Aires, Londres, Pequim, entre várias outras, já aconteceram ao longo de quase uma década de história.

A versão gratuita do jogo conta com três personagens conhecidos como *Jake*, *Tricky* e *Fresh*. Existem outros que podem ser desbloqueados comprando itens no aplicativo. A história é muito simples: nesta turnê mundial, um dos três artistas começa fazendo um grafite em local proibido e, provavelmente, sem autorização dos donos do imóvel, na clandestinidade. Ele ou ela será pego em flagrante por um policial, que passa a perseguir o jovem. A sua missão é chegar o mais longe possível sem ser pego ou bater em um alvo fixo, como paredes, trens estacionados, placas e cavaletes, além dos veículos em movimento.

Existem diversos itens para ajudar nesta corrida sem fim, como moedas que auxiliam na compra de artigos da loja, um imã que atrai as moedas, um pula-pula, sapatos especiais, invencibilidade e um *jet pack* que faz com que o jogador possa voar por alguns segundos, desviando dos obstáculos em terra. A mudança de cenário a cada quatro semanas traz os jogadores periodicamente a *Subway Surfers*, que se transformou em uma grande referência neste ramo e inspirou centenas, talvez milhares de outros games para celulares e tablets no mesmo sistema.

Com uma mecânica extremamente simples e visual agradável, este jogo atingiu a marca fantástica de 1 bilhão de downloads nos aparelhos Android, sendo o primeiro jogo a atingir esta cifra. No ano seguinte, foi eleito como o jogo para celulares mais baixado da década.

Embora o enredo seja muito simples, podemos extrair uma importante lição para nossas vidas. Da mesma forma como em *Subway Surfers*, em que o personagem corre do policial ou segurança por fazer um grafite sem autorização prévia, muitos tentam correr de Deus após cometerem pecados. Neste ponto, o jogo pode ser muito instrutivo para nossa reflexão, pois, da mesma forma como esta fuga é infinita no aplicativo, muitas pessoas passam a vida toda tentando fugir de um encontro com Deus para não terem que se arrepender.

O texto base mostra o momento da queda do homem, quando Adão e Eva desobedecem a Deus e percebem o que fizeram. A primeira reação é tentar fugir do Senhor dos Exércitos, como se fosse possível se esconder de um Deus com tamanho poder. Podemos ilustrar este princípio com um profeta bastante conhecido por seu comportamento diante do chamado divino para sua vida:

"Ele orou ao Senhor. "Senhor, não foi isso que eu disse quando ainda estava em casa? Foi por isso que me apressei em fugir para Társis, Eu sabia que tu és Deus misericordioso e compassivo, muito paciente, cheio de amor e que promete castigar, mas depois se arrepende". Jonas 4:2

Jonas recebe uma missão muito difícil: pregar para os ninivitas, que eram conhecidos por serem cruéis e sanguinários com seus inimigos. O profeta conhecia essa reputação e, por isso, decidiu que eles não eram dignos da misericórdia celestial. Em um primeiro momento, ele também desobedece a Deus e a sua primeira reação foi fugir em direção oposta ao cumprimento da vontade do Senhor. A partir da famosa experiência no interior de um grande peixe, ele se arrepende e cumpre a sua missão.

O pecado traz vergonha e a vergonha, medo. Não é apenas em nosso relacionamento com Deus que esta fuga pode acontecer. Quando maltratamos alguém ou magoamos algum amigo ou familiar, temos a mesma tendência de fugir do problema, ao invés de enfrentá-lo e resolvê-lo. De maneira geral, esta prática equivocada de autodefesa é um comportamento típico de pessoas imaturas, quando achamos que os problemas deixarão de existir se simplesmente não pensarmos nele e fugirmos. Se quisermos amadurecer em todas as áreas, então precisamos aprender a enfrentar nossos desafios de frente, com a Palavra de Deus ao nosso lado.

Mais cedo ou mais tarde, perceberemos que não é possível correr para sempre, a não ser nos jogos de corrida infinita. Que não demore para tomarmos uma decisão de cumprir a vontade de Deus para nossa vida e limpar nossa lista de pendências com todas as pessoas. Usar a vergonha e o medo da reação tanto de Deus quanto do próximo é uma estratégia eficaz de nosso inimigo. A Bíblia nos mostra como vencer esta situação:

"Portanto, submetam-se a Deus. Resistam ao diabo, e ele fugirá de vocês". Tiago 4:7

De pecado, Satanás entende:

"Aquele que pratica o pecado é do diabo, porque o diabo vem pecando desde o princípio". 1 João 3:8a

O comportamento correto, uma vez que tenhamos desobedecido a Deus através do pecado, é nos arrependermos imediatamente, pedindo o Seu perdão misericordioso. O arrependimento genuíno é a única arma disponível quando pecamos. O nosso Deus é um Pai amoroso, que espera de braços abertos pelo nosso retorno. Porém, saber desta verdade maravilhosa não pode nos transformar em pecadores compulsivos, abusando da graça como se ela fosse uma espécie de hiper graça. Aquilo que plantarmos, colheremos. Devemos tomar cuidado com nossas escolhas.

Pare de tentar fugir de Deus, pois isso é impossível. Uma corrida infinita só funciona em *Subway Surfers.*

Desafio: você tem problemas com alguém e está com medo de resolver? Aproveite o devocional de hoje para conversar, pedir perdão ou perdoar essa pessoa. Não mantenha raízes de amargura em seu coração, pois não vale a pena!

Modo Gamer: vá para o Dia 27

Código Secret:

ZLKQOLIB

NÍVEL **DIFÍCIL**

DIA 24

GRAND THEFT AUTO

"Saiba disto: nos últimos dias sobrevirão tempos terríveis. Os homens serão egoístas, avarentos, presunçosos, arrogantes, blasfemos, desobedientes aos pais, ingratos, ímpios, sem amor pela família, irreconciliáveis, caluniadores, sem domínio próprio, cruéis, inimigos do bem, traidores, precipitados, soberbos, mais amantes dos prazeres do que amigos de Deus". *2 Timóteo 3:1-4*

Grand Theft Auto ou *GTA* é um jogo lançado em 1997, criado por *David Jones* e *Mike Dailly*, produzido pela empresa *DMA* e publicado pela *Rockstar Games*. O nome da série diz respeito a um termo policial americano para identificar furtos de alto valor relacionados a carros. No Brasil, seria algo semelhante a roubo qualificado de automóveis. Pegue este título e some à classificação etária para maiores de dezoito anos, para ter a certeza de que este não é, de maneira nenhuma, um jogo comum.

Os desenvolvedores da *DMA* criaram um grande mapa de mundo aberto, no qual o jogador teria liberdade para fazer escolhas que não fossem lineares como na maioria dos jogos da época. Criaram três cidades fictícias com especificidades únicas com suas ruas, paisagens, carros e pedestres. Adicionaram a estes mapas a ideia clássica de polícia e ladrão. O primeiro problema encontrado é que, durante uma perseguição de carro no mapa, era praticamente impossível não atropelar algum pedestre, o que destoava da ética policial de servir e proteger a população. Os desenvolvedores então,

inverteram a lógica inicial, transformando o jogador no criminoso que foge da polícia, adicionando missões de gangues que incluem todo o tipo de práticas ilegais e criminosas.

Mesmo envolvida em constantes polêmicas e controvérsias, a série se transformou em um sucesso estrondoso. Contando até o momento com sete jogos principais, além de expansões, o jogo é detentor de pelo menos sete recordes mundiais constantes no *Guinness Book*, entre eles o jogo com maior arrecadação em 24 horas e o produto de entretenimento que alcançou a marca de US$ 1 bilhão de dólares em menos tempo (72 horas!). *GTA 5* é listado como o terceiro jogo mais vendido da história em diversas listas, atrás de *Minecraft* e *Tetris*. Por esta razão, ele precisava estar em nossa lista, mesmo sendo bastante desafiador falar sobre um jogo que não tem elementos virtuosos para abordarmos.

A questão mais importante sobre este jogo e seu sucesso impressionante parece ser: por que a violência fascina tanto? Para não falar apenas de jogos, os programas policiais estão entre aqueles com maior audiência em seus horários. Para deixar claro, não acredito que um jogo possa transformar um adolescente pacato em um assassino serial, a não ser que existam distúrbios severos de ordem psicológica e psiquiátrica, somados ao contexto de vida desta pessoa. Dito isso, o primeiro elemento a ser destacado é a classificação etária para o jogo. É muito comum ignorarmos esta classificação, pois o maior público de *GTA* é o adolescente, cuja idade é abaixo dos "maiores de 18 anos", que consta na capa do jogo. Ela não é aleatória, mas elaborada com critério e deveria ser levada em consideração, senão pelo adolescente, pelos seus pais, que deveriam supervisionar aquilo que o seu filho joga ou assiste.

O sucesso de *GTA*, segundo especialistas, está na sensação de poder que esta liberdade irrestrita coloca no controle do jogador. É possível fazer coisas nas cidades fictícias de *San Andreas*, *Vice City*, *Liberty City* ou todas as demais que aparecem na franquia, que nunca seriam feitas no mundo real. Outros defendem que os jogos são válvulas de escape em uma sociedade sufocante, em que a vida comum não é tão emocionante, e as pessoas não são protagonistas com histórias incríveis, mas simples cidadãos com vidas medíocres, no sentido de estarem na média de todos os demais.

Uma vida sincera com Deus, buscando intensidade neste relacionamento, contém toda a aventura e novidade de vida que precisamos. A cada dia seremos desafiados a romper limites e ajudar pessoas em suas jornadas. A falta de propósito que grande parte da sociedade vivencia hoje é fruto da incapacidade em preencher o vazio existencial que, para o cristianismo, só pode ser suprido pela presença de Cristo em nossas vidas.

Outro elemento importante é discernirmos os tempos. O texto base de hoje revela um alerta do apóstolo Paulo a seu discípulo Timóteo, a respeito do que ele deveria esperar do futuro. O cenário não é muito animador. Existem muitos homens maus, deliberadamente maus, seguindo seus próprios desejos, sem consciência de que suas ações influenciam outras pessoas em uma grande rede de ação e reação. Paulo instruiu Timóteo para que ele tivesse consciência de que nem todos serão simpáticos ao Evangelho, pois:

"De fato, todos os que desejam viver piedosamente em Cristo Jesus serão perseguidos". 2 Timóteo 3:12

A partir deste panorama não muito animador, o que a igreja pode fazer? Em primeiro lugar, compreender que nossas atitudes externas demonstram nossas intenções internas. A Palavra de Deus declara:

"Porque a sua boca fala do que está cheio o coração". Lucas 6:45b

Precisamos sondar nossos corações constantemente, pois as mesmas qualidades ruins descritas no texto base podem se aplicar a nós, em determinados momentos de nossa caminhada. Podemos nos tornar presunçosos ou egoístas, por exemplo, afinal não estamos imunes a estes sentimentos e precisamos levar nossos pensamentos maus para a cruz todos os dias de nossas vidas.

Para finalizar, precisamos encarar esta advertência com esperança, pois como está escrito:

"Mas, onde aumentou o pecado, transbordou a graça". Romanos 5:20

Quando o cenário parecer mais desafiador e difícil, devemos nos regozijar e nos alegrar. Se mantivermos nossa essência em Deus, seremos instrumentos poderosos de transformação pelo poder do Espírito Santo em nossa geração!

Desafio: como você escolhe os jogos, filmes ou séries que assiste? Que tal aproveitar nosso desafio e estabelecer alguns critérios para escolher o que vai te acompanhar nos momentos de descanso e lazer? Você pode usar as perguntas do texto de hoje para te ajudar:

- **Sua idade corresponde à classificação etária proposta?**
- **Você tem maturidade para jogar ou assistir algo relacionado à violência ou ao sobrenatural, por exemplo?**
- **Você realmente precisa disto?**
- **Por que seu interesse foi despertado para este produto cultural?**

Responda todas as perguntas e você terá um bom filtro para suas escolhas!

Modo Gamer: vá para o Dia 28

Código Secreto:

NÍVEL**EXTREMO**

DIA 25

BATTLETOADS

"Eu lhes disse essas coisas para que em mim vocês tenham paz. Neste mundo vocês terão aflições; contudo, tenham ânimo! Eu venci o mundo". *João 16:33*

Battletoads é, provavelmente, o jogo com o melhor gráfico do *NES*, em um mundo onde já existia uma nova geração de videogames como o *Mega Drive*, por exemplo. Foi produzido pela *Nintendo* e depois compartilhado com os demais consoles existentes, transformando o game dos sapos mutantes em uma grande febre mundial. Produzido em 1991, ele possui um enredo bastante interessante, se analisarmos outros personagens existentes na mesma época.

Dois sapos mutantes e adolescentes, conhecidos como *Rash* e *Zits*, precisam salvar a princesa *Angélica* e seu irmão *Pimple*. A grande vilã do jogo é a *Dark Queen*, que é a soberana do planeta *Ragnarok*, contando com a ajuda de outros animais antropomórficos para deter os irmãos esverdeados. Uma curiosidade muito interessante sobre a franquia **é a familiaridade com outra equipe de heróis adolescentes que havia surgido em 1984** como uma sátira combinada das histórias dos *Novos Mutantes*, dos roteiros de *Frank Miller* em sua fase com o *Demolidor*, e histórias de personagens antropomórficos, como apresentado na revista em quadrinhos *Cérebus*. Estamos falando, é claro, das *TNNT* ou *Tartarugas Ninja Adolescentes Mutantes*, numa tradução livre. Quando os sapos surgiram, as tartarugas já estavam em seu auge de popularidade com histórias em quadrinhos, action figures, desenhos animados e um fliperama clássico. Assim, podemos compreender a excelente aceitação de mais um jogo com animais humanoides.

Neste dia, eu gostaria de falar sobre outro elemento que fez com que esse jogo ficasse conhecido na história: a sua dificuldade extrema. Eu tive o prazer de jogar *Battletoads* na época em que ele foi lançado e posso garantir uma coisa a todos vocês: aquele discurso que ouço hoje de que jogamos videogame para 'relaxar' simplesmente não se aplicava ao game dos sapos adolescentes. Em poucos minutos de jogo você passava muita raiva, pela facilidade em morrer que o jogo apresentava. Seja no terreno por onde você transitava, que permitia caídas se subisse ou descesse muito na tela; seja pelos inimigos; ou mais provavelmente pelas famigeradas fases de corrida que tinham uma velocidade absurda com obstáculos e buracos que precisavam ser decorados para que fossem superados. Outro detalhe que complicava ainda mais a vida dos jogadores é que *Battletoads* possuía um número limitado de "Continues" e poucas vidas. O desafio levava muitos a desistirem de tentar zerar o jogo. Para conseguir avançar nas fases, além de habilidade, era fundamental que o jogador pudesse decorar os locais onde os obstáculos estavam. Isso só era possível se você morresse muitas e muitas vezes para conseguir avançar.

Como você se comporta diante dos desafios de sua vida? Pensa em desistir, como eu quando jogava *Battletoads*, ou continua perseverando até que a vitória venha? É muito interessante que, antes de mais nada, Cristo nos avisa sobre as dificuldades que enfrentaríamos nessa vida, em diversas passagens das Sagradas Escrituras. Além do texto base para o devocional de hoje, ainda podemos citar:

"E aquele que não carrega sua cruz e não me segue não pode ser meu discípulo". Lucas 14:27

Se extrapolarmos a fala de Jesus, veremos inúmeros outros exemplos de homens e mulheres que passaram por inúmeras dificuldades para preservar sua fé e não negociar com o padrão existente na sociedade de seu tempo. Abraão, Jó, Moisés, Rute e Ester, José, Davi, Neemias e Esdras, Daniel, Jeremias e Ezequiel, Paulo, Pedro, Tiago e João, todos sofreram no seu tempo presente pela fé que depositaram em Deus. Precisamos tomar muito cuidado com o cristianismo na pós-modernidade, pois existe um grande risco de não ouvirmos mais a respeito do sofrimento, dos desafios e dificuldades, trocando-os por um evangelho que fale apenas sobre satisfações supridas, alegria e desejos realizados. Poderia concordar com isso se estivéssemos em *Aladim* ou outro filme com gênios que realizam desejos.

A Bíblia Sagrada, por outro lado, fala sobre alegria, paz, verdade, amor, mas também fala sobre justiça, semeadura e colheita, pois temos um Deus santo que não pode compactuar com o pecado. Por isso, ter uma vida leviana ou descompromissada não pode ser uma opção para aqueles que verdadeiramente conheceram a Deus um dia e que desejam um relacionamento próximo a Ele.

Somos forjados por Deus durante nossas batalhas internas e externas. Uma vida sem desafios e dificuldades nos tornará fracos, sem raízes profundas. Só sobreviveremos em meio às tempestades de nosso tempo se criarmos raízes que surgem diante de uma vida no secreto com Ele.

Da mesma forma como *Battletoads* forjou uma geração inteira que não dependia de códigos para ganhar benefícios como vidas infinitas, invulnerabilidade ou força adicional, o cristianismo bíblico forja soldados para a batalha espiritual que está diante de nós contra Satanás e seus demônios. A nossa escolha deve ser a de caminhar na contramão da sociedade, rumo a um estilo de vida em que nós seremos sempre coadjuvantes diante do protagonismo de Jesus Cristo.

A nossa escolha fará toda a diferença e nos ajudará a compreender se concluiremos nossa carreira, ou se ficaremos pelo caminho como tantas e tantas pessoas que desistem ao primeiro sinal de dificuldade. Você é descendente de uma linhagem santa que, desde o século I de nossa era, tem pago um alto preço para que o Evangelho genuíno seja pregado aos quatro cantos da terra. É quase certo que não será exigido um nível tão alto de sacrifício, mas é exatamente por isso que podemos abrir mão de desejos que nos afastem da presença de Deus. Jesus nos avisou que, uma vez nesta jornada, **não é mais possível** voltar atrás!

"Jesus respondeu: "Ninguém que põe a mão no arado e olha para trás é apto para o Reino de Deus".
Lucas 9:62

Desafio: qual é a sua maior dificuldade em sua vida cristã? Qual é o maior pecado ou vício que, mesmo sabendo que precisa parar, simplesmente você não consegue? No desafio de hoje vamos orar com relação a isto, por libertação da parte de Deus para esta situação. Para sabermos que você precisa desta oração, poste uma foto da página inicial deste devocional e use a hashtag #40Diasnomundodosgames. Não se esqueça de marcar o @parabolasgeek e @editoracemporcentocristao em seu Stories - queremos ouvir o seu testemunho!

Modo Gamer: vá para o Dia 29

Código Secreto:

-.-. --- --

NÍVEL**FÁCIL**

DIA 26

TOMB RAIDER

"O propósito é que não sejamos mais como crianças, levados de um lado para outro pelas ondas, nem jogados para cá e para lá por todo o vento de doutrina e pela astúcia e esperteza de homens que induzem ao erro. Antes, seguindo a verdade em amor, cresçamos em tudo naquele que é a cabeça, Cristo".
Efésios 4:14-15

Tomb Raider foi lançado originalmente no ano de 1996 pela empresa *Eidos Interactive*, sendo um tremendo sucesso de vendas e de crítica. Isso aconteceu, em grande medida, porque apresentava como protagonista uma aventureira chamada *Lara Croft*, que seria uma versão feminina de *Indiana Jones*, além de implementar uma tecnologia nova à época, que era o uso de gráficos em 3D. O primeiro jogo foi o início de uma franquia muito bem sucedida, que inclui uma grande sequência de jogos, filmes e revistas em quadrinhos. É incrível como personagens fictícios se tornam tão populares.

Lara Croft figura no Guiness Book, o Livro dos Recordes, em diversas categorias. Em 2010, quatorze anos após seu lançamento, ela entrou para o livro com seis nomeações diferentes, entre elas: heroína de videogames de maior sucesso, personagem feminino de videogames mais reconhecido e personagem de videogames mais detalhado. Seis anos depois, em 2016, ela retornou ao Guiness em mais duas categorias: maior número de capas de revista para um personagem de videogame e maior reunião de pessoas vestidas como *Lara Croft*, quando 270 pessoas fizeram cosplay da personagem no evento *Paris Game Week* daquele ano. Ela participou, inclusive, de uma turnê da banda *U2*, que aconteceu entre 1997 e 1998, chamada *Popmart*, em que *Lara* interagia com a banda e com o público em um telão durante uma das músicas.

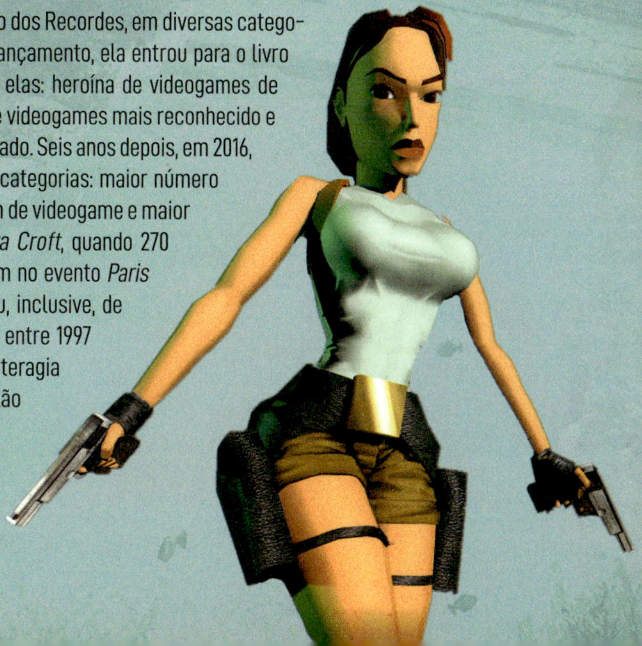

A personagem foi baseada em várias atrizes reais para formar a sua fisionomia nos jogos. Podemos destacar as britânicas *Neli McAndrew* e *Rhona Mitra*, além de *Angelina Jolie*, que interpretou a personagem nos primeiros filmes da série. Este jogo é um dos mais antigos no uso da tecnologia 3D em terceira pessoa. Os gráficos eram incríveis para a época e, a cada novo game, não só a personagem era aprimorada, como também as armas, aparência, cenários, enredo e jogabilidade.

Este é um elemento interessante para nossa conversa de hoje. Em seu lançamento, os gráficos eram revolucionários. Mas se permanecessem com o mesmo visual de 1996, muito provavelmente os mais jovens de hoje não se interessariam em jogar, pois seriam obsoletos para o tempo presente. A nossa vida cristã se comporta da mesma forma. O momento de nossa conversão revoluciona nossa existência, somos transformados e, perto do que éramos antes, a mudança é grande demais.

"Portanto, se alguém está em Cristo, é nova criação. As coisas antigas já passaram; eis que surgiram coisas novas!" 2 Coríntios 5:17

Porém, este é apenas o primeiro passo de uma maratona que durará o resto de nossas vidas. Precisamos aprimorar nossas habilidades espirituais por meio das disciplinas cristãs, ou corremos o risco de permanecermos estagnados e não amadurecermos espiritualmente. Imagine se os desenvolvedores de *Tomb Raider* estivessem satisfeitos com a grande obra que realizaram em 1996 e nunca mais trabalhassem para melhorar, tanto o jogo, quanto os gráficos. Hoje, em um mundo com consoles incríveis, não daríamos muita atenção a um jogo em que os personagens são compostos por polígonos. O que estou querendo dizer? Que muitos de nós estamos satisfeitos com experiências maravilhosas do passado e caímos no erro de acreditar que elas serão suficientes para nos manterem em um relacionamento saudável com Cristo. Acredito que elas sejam fundamentais em nossas vidas, pois fazem parte do nosso testemunho e, por esta razão, precisamos delas para nos lembrar do que Deus já fez no passado, em momentos de dificuldade, desafio ou dúvidas.

Por mais importante que seja o que já vivemos, não nos servirá para o nosso futuro. Cristianismo é novidade de vida, todos os dias! Desta forma, precisamos renovar nossas expectativas, pois sempre existe espaço para o novo na vida daqueles que procuram seguir a Jesus. A nossa conversa de hoje me lembra muito a experiência do maná para o povo de Israel no deserto. Todos os dias, o Senhor enviava o maná para que o povo pudesse se alimentar. Caso eles quisessem armazenar o alimento para o dia seguinte, ele estragaria.

"Ninguém deve guardar nada para a manhã seguinte", ordenou-lhes Moisés. Todavia, alguns deles não deram atenção a Moisés e guardaram um pouco até a manhã seguinte, mas aquilo criou bicho e começou a cheirar mal. Por isso Moisés irou-se contra eles". Êxodo 16:19-20

Neste sentido, o maná representa a Palavra de Deus, que é o nosso alimento diário. Não podemos estocá-lo sem reposição diária, pois Deus tem uma porção específica para cada um de nossos dias na terra. Quando compreendemos e, principalmente, vivemos esta realidade em nossa vida, estaremos prontos para mergulhar em um nível mais profundo. Jesus declara: *"Eu sou o pão da vida"*, em João 6:48. Na carta de Paulo aos Colossenses, descobrimos que:

"Nele (em Cristo), estão escondidos todos os tesouros da sabedoria e do conhecimento". Colossenses 2:3 (com acréscimo do autor)

Assim, se tivermos a ousadia de mergulhar na busca pelo conhecimento de Cristo, por meio da Bíblia, teremos a certeza de que descobriremos tesouros profundos de sabedoria e conhecimento. A grande questão é que muitos não estão dispostos e permanecem a vida toda na superfície deste conhecimento. Não é possível, embora seja importante, sobreviver com o que se aprendeu no passado, pois os tesouros de sabedoria de Cristo estão disponíveis hoje.

Atualize seu processador espiritual para a nova geração. Renove os gráficos de sua vida com Deus para o que existe de mais atual neste relacionamento. Você perceberá que esta experiência diária será, com absoluta certeza, a maior aventura de sua vida!

Desafio: toda a série "40 dias" conta com este desafio. Para conhecer o Cristo bíblico, é necessário ler a Bíblia! Se você ainda não está fazendo, esta é sua oportunidade de iniciar um plano de leitura que pode atender as suas necessidades. Não importa se ele será feito em seis meses, um ano ou dois. O importante é que você tenha a experiência de completar a leitura de Gênesis até Apocalipse, e descobrir Jesus em cada uma de suas páginas!

Modo Gamer: vá para o Dia 30

Código Secreto:

NÍVEL**MÉDIO**

DIA 27

FORTNITE

"Tenham cuidado com a maneira como vocês vivem; que não seja como insensatos, mas como sábios, aproveitando cada oportunidade, porque os dias são maus. Portanto, não sejam insensatos, mas procurem compreender qual é a vontade do Senhor". *Efésios 5:15-17*

Fortnite é mais um *MOBA* (*Multiplayer Online Battle Arena*) que trouxemos para este Devocional. Não é uma tarefa fácil falar deles, pois possuem estruturas semelhantes, mas gostamos de desafios! Este gênero coloca uma quantidade específica de jogadores em um mapa fechado, onde devem enfrentar outros jogadores ou a Inteligência Artificial do jogo. Você pode jogar sozinho ou com amigos, em equipes. Na maioria das vezes a sua missão é terminar a partida vivo.

A história do jogo é bastante interessante, pois ele foi anunciado em 2011 por *Cliff Bleszinski*, diretor da *Epic Games* à época, por meio de um trailer apresentado no *Spike Videogame Awards*. A empresa já possuía experiência em mapas multiplayer com outros jogos como *Gears Of Wars*. A ideia era trazer algo mais divertido para um público mais jovem. A primeira versão foi lançada em 2017, seis anos após o anúncio original. *Fortnite* possui, de maneira geral, dois modos: *Save the World* e *Batlle Royale*.

Em *Save the World*, o mundo foi devastado por uma tempestade de fluídos que dizimou 98% da população, transformando-os em zumbis que atacam os sobreviventes. Você é o comandante dos abrigos de base e precisa coletar recursos necessários, cuidar de equipamentos importantes para o bom funcionamento de sua base e defendê-la dos ataques zumbis.

Em *Battle Royalle*, você entra em uma ilha com até cem jogadores, sozinho ou em equipe e precisa sobreviver. Com o passar do tempo, o mapa fica mais restrito, para forçar os jogadores a se encontrarem até restar apenas um sobrevivente. Você inicia a partida com apenas uma picareta e precisa procurar armas e itens que possam ajudá-lo na missão de permanecer vivo.

Existe, ainda, um modo criativo, no qual é possível criar mapas personalizados e testá-los com amigos ou com outros jogadores. Somente em 2019, *Fortnite* rendeu um faturamento de US$ 1,8 bilhão de dólares com um lucro estimado em U$ 730 milhões com as vendas de roupas, armas e acesso a batalhas exclusivas.

O que mais me chamou a atenção nele, foi o tamanho do mapa, pois é muito fácil se esconder em algum lugar enquanto a partida acontece. "Se o objetivo é permanecer vivo", pensei na primeira vez em que joguei *Battle Royale*, "então é só permanecer escondido até que todos tenham morrido". O único problema em minha estratégia covarde é que, de tempos em tempos, a mesma tempestade de resíduos que dizimou 98% da população da terra avança em direção ao centro do mapa, literalmente empurrando os jogadores a uma área menor para se enfrentarem. Como eu não sabia disso, fiquei em um local muito ruim para locomoção e fui apanhado pela tempestade. Uma vez dentro dela, se não conseguir sair, você perde energia até morrer. Essa foi minha primeira partida de *Fortnite* resumida em uma frase: um covarde tentando se esconder da batalha, que acabou morrendo por não querer se envolver com o que estava acontecendo. E essa experiência vergonhosa para quem queria aprender os comandos do jogo, antes de morrer pelas mãos de uma criança de doze anos de idade, será o gancho para nossa conversa de hoje.

Muitos cristãos estão agindo da mesma forma que eu, quando entrei para o *Fortnite*. Mas diferentemente do jogo, que é apenas uma experiência virtual, deste lado de cá da tela, na vida real, as nossas escolhas influenciam as outras pessoas e geram consequências que podem trazer a vida ou a morte.

Existe uma grande batalha acontecendo no centro de nossa sociedade neste exato momento. Nela, muitos estão perdendo suas vidas por não conseguirem chegar até o final desta jornada. Vivemos em um mundo doente em várias áreas. Alguns estudiosos do comportamento humano nomeiam esta doença como síndrome do esgotamento civilizatório humano. Este esgotamento é revelado nos índices de feminicídio, depressão, racismo, suicídio, entre outras estatísticas infelizes. Há uma tristeza por parte das pessoas, que não conseguem encontrar um propósito para continuar lutando. As redes sociais amenizam o problema, mas também dificultam a sua detecção. Afinal, neste ambiente, todos são felizes e não têm problemas. Poucos têm real acesso a quem somos de verdade, por isso as pessoas estão cada vez mais solitárias, mesmo tendo milhares de amigos e seguidores virtuais em suas múltiplas redes.

Nós, os que cremos em Jesus como Senhor e Salvador e procuramos viver de acordo com esta revelação, precisamos tomar muito cuidado para não agirmos de maneira semelhante à minha estreia frustrada em *Fortnite*. Podemos passar a vida escondidos no conforto e segurança de nossas igrejas, enquanto a batalha acontece e vidas perecem, sem que venhamos a nos importar com isso. Ao nos identificarmos como cristãos, devemos imitar o Mestre:

"Jesus ia passando por todas as cidades e povoados, ensinando nas sinagogas, pregando as boas novas do Reino e curando todas as enfermidades e doenças". Mateus 9:35

A igreja não foi chamada para viver em um oásis de tranquilidade, mas em meio às trincheiras sujas de nosso mundo caído. Não à toa que as Escrituras nos chamam de luz do mundo e sal da terra:

"Vocês são a luz do mundo. Não se pode esconder uma cidade construída sobre um monte. Assim brilhe a luz de vocês diante dos homens, para que vejam as suas boas obras e glorifiquem ao Pai de vocês, que está nos céus". Mateus 5:14-15

Em *Fortnite*, permanecer distante no mapa acaba gerando a morte do jogador, se ele for pego pela tempestade de resíduos. Da mesma forma, no mundo real, ser indiferente ao sofrimento das pessoas pode nos levar para o mesmo caminho, quando se tem as boas notícias do Evangelho que trazem consigo cura e esperança para os desesperados e abatidos. Não se esqueça das palavras do Senhor Jesus:

"Nem todo aquele que me diz: "Senhor, Senhor", entrará no Reino dos céus, mas apenas aquele que faz a vontade de meu Pai que está nos céus". Mateus 7:21

Desafio: você se importa com o sofrimento das pessoas? Quais os projetos sociais que sua igreja apoia? O que você pode fazer efetivamente para mudar para melhor a vida de algumas pessoas? Se você ainda não se envolveu, invista parte de seu tempo para este propósito, até o fim deste devocional!

Modo Gamer: vá para o Dia 31

Código Secreto:

ABCFKFQFSL

NÍVEL**DIFÍCIL**

DIA 28

GUITAR HERO

"Procure apresentar-se a Deus aprovado, como obreiro que não tem do que se envergonhar, que maneja corretamente a palavra da verdade". 2 Timóteo 2:15.

Guitar Hero é uma franquia de jogos simuladores de instrumentos musicais, que se transformou em um verdadeiro fenômeno mundial, com efeitos positivos até mesmo no mercado musical. O seu diferencial está em usar réplicas de guitarras, que funcionam como controles para reproduzir músicas de bandas reais. A mecânica do jogo é conseguir apertar os botões corretamente, conforme as notas passam por uma linha que simula o braço de uma guitarra.

O primeiro jogo da série, criado em 2005, tinha a guitarra como carro chefe. Nos anos posteriores, como por exemplo em *Band Hero*, de 2009, houve a inclusão de bateria e microfones que permitiam o jogo simultâneo de até quatro pessoas emulando uma banda completa com guitarra, baixo, bateria e microfone! Com cinco botões principais coloridos no corpo da guitarra, as notas com as mesmas cores acompanham o ritmo e a velocidade da música que está sendo tocada. Caso o jogador consiga acertar a sequência de notas, o

público começa a ovacionar com palmas e participação. Se, por outro lado, ele errar muitas vezes, será vaiado pelo público presente. Caso o marcador chegue ao nível inferior, a música termina e o jogador terá que iniciar a rodada novamente. Existem diferentes níveis de dificuldade, que vão acrescentando notas à música. É muito importante treinar nos níveis mais fáceis antes de se aventurar pelos mais difíceis.

O jogo foi um verdadeiro fenômeno mundial, gerando grande lucro e muitas vendas. Um fator interessante a respeito desta franquia é que ela trouxe resultados que ultrapassaram as fronteiras do mundo dos games.

O primeiro setor auxiliado pela chegada de *Guitar Hero* foi a indústria musical, em especial, o segmento do rock. As mudanças profundas no mercado fonográfico mundial, com a migração da venda em massa de CD's e DVD's e para os diversos serviços de músicas *on line*, exigiu muita adaptação para as bandas e cantores. O volume de downloads das músicas que foram inseridas nos jogos da franquia aumentou exponencialmente, bem como as visualizações dos respectivos vídeos no Youtube. Bandas mais antigas foram apresentadas a uma nova geração por meio destes títulos. Este fenômeno ficou conhecido como "*Efeito Guitar Hero*" e pode ser acompanhado a partir das bandas que possuem músicas nos títulos da série.

O segundo setor afetado positivamente por *Guitar Hero* é o do ensino musical. O jogo é uma porta de entrada para aqueles que começam a se interessar pelo instrumento, ao jogarem usando uma simulação de guitarra. Muitos têm procurado aulas reais após esta experiência. Além disso, eles ajudam guitarristas que estão começando a desenvolver a sensibilidade, o ritmo e a coordenação motora.

Gostaria de aproveitar este famoso simulador para falar sobre alguns pontos importantes do discipulado cristão. É realmente fantástico que, a partir de um jogo de videogame, pessoas se interessem em aprender um instrumento de verdade. Neste sentido, aquilo que começa como algo simples para o tempo de lazer acaba se transformando em uma atividade muito mais séria, com resultados reais na vida da pessoa. Assim, ela não será apenas um jogador ou jogadora ocasional de *Guitar Hero*, mas sim um futuro ou futura guitarrista.

O processo de discipulado cristão é semelhante. Começamos como discípulos de um irmão ou irmã mais experientes no contato com o Reino de Deus. Esperamos que eles possam nos ajudar em nossa caminhada. Em nosso texto base, o apóstolo Paulo orienta seu discípulo Timóteo sobre como ele deveria proceder na missão de pastorear uma comunidade.

O caminho natural do discipulado é o aprendizado pelo exemplo. Uma vez que este processo tenha amadurecido, pois ele é contínuo, devemos reproduzir o que aprendemos na vida de outras pessoas. Esta é a forma como o cristianismo tem sido passado de geração em geração desde o século I até os nossos dias. Uma pessoa de cada vez, através da vivência prática dos princípios bíblicos e do ensino destes princípios.

Da mesma forma como *Guitar Hero* pode ser um caminho de passagem para o aprendizado real de um instrumento, o discipulado bíblico deve também ser uma transição entre o novo convertido e o futuro líder. Ser cuidado por alguém na Igreja é maravilhoso. Porém, não podemos nos contentar em sermos servidos para sempre, pois a lógica do Reino é diferente da lógica da sociedade. Como está escrito:

"Não será assim entre vocês. Pelo contrário, quem quiser tornar-se importante entre vocês deverá ser servo, e quem quiser ser o primeiro deverá ser escravo; como o Filho do homem, que não veio para ser servido, mas para servir e dar a sua vida em favor de muitos". Mateus 20:26-28

Não devemos seguir aqueles que escolheram passar a vida toda no simulador de cristianismo, vivendo na igreja, participando de cultos e programações, mas não se envolvendo no cuidado e auxílio de outras pessoas. Nosso crescimento espiritual precisa, necessariamente, do discipulado.

Paulo sabia que o treinamento de Timóteo precisava passar pelo pastoreio de uma comunidade! Por isso, auxiliou seu discípulo para que ele pudesse cumprir o seu chamado. Não podemos nos esquecer de que cada cristão tem um papel fundamental em sua geração. Este papel é o mesmo desde que Jesus instituiu a nossa missão, antes de Sua ascensão ao Céu:

"Portanto, vão e façam discípulos de todas as nações, batizando-os em nome do Pai e do Filho e do Espírito Santo". Mateus 28:19

Desafio: gostaria de trazer um trecho da oração de Francisco de Assis para nossa reflexão de hoje:

"Ó Mestre, fazei que eu procure mais:
Consolar, que ser consolado;
Compreender, que ser compreendido;
Amar, que ser amado;
Pois é dando que se recebe.
É perdoando que se é perdoado.
E é morrendo que se vive para a vida eterna".

Será que conseguimos fazer esta mesma oração em nossos dias? Pense nisso hoje. Precisamos ser e fazer discípulos! Você pode colaborar com esta missão?

Modo Gamer: vá para o Dia 32

Código Secreto:

NÍVEL **EXTREMO**

DIA 29

THE LEGEND OF ZELDA

"Todavia, lembro-me também do que pode dar-me esperança".
Lamentações 3:21

Uma princesa chamada *Zelda*, um jovem guerreiro chamado *Link*, uma relíquia de tempos imemoriais chamada *Triforce*, um reino lendário chamado *Hyrule* e um vilão chamado *Ganon*. Estes são os principais elementos de uma série de jogos que surgiu em 1986 pela empresa *Nintendo*. Um jogo difícil de classificar, pois possui elementos de *RPG* misturados a muitos quebra-cabeças, exploração, ação e aventura.

Na primeira oportunidade que tive de abordar o game, no livro *Devocional Pop* (você com certeza tem este clássico do cristianismo e da cultura pop em sua coleção, certo?), enfatizei um dos elementos mais intrigantes sobre a franquia em meu ponto de vista: como é possível um jogo chamado *A Lenda de Zelda* ter um protagonista batizado de *Link*, cujo nome só será conhecido por aqueles que o jogarem?

Hoje, quero usar algumas falas dos criadores *Shigeru Miyamoto* e *Takashi Tezuka* para tratarmos sobre outro princípio sensacional que podemos aprender com esta franquia: **inspiração**.

Em primeiro lugar, o *Reino de Hyrule* foi inspirado nas experiências de *Miyamoto* em sua infância. Nas palavras do criador, para o site *Gamespot*:

"Quando eu era criança, fui caminhando na floresta e encontrei um lago. Foi uma surpresa para mim dar de cara com aquele lago. Quando estava mais velho, viajei por todo o país sem um mapa, tentando encontrar o meu caminho e fui descobrindo coisas incríveis e percebendo como era encarar uma aventura assim."

Trazendo para a nossa realidade, as experiências de nossas vidas são fontes de inspiração que nos impulsionam para a realidade futura. As memórias, alegrias, tristezas, frustrações, laços de amizade, são elementos importantes para a composição de quem somos hoje e, principalmente, de quem seremos no amanhã. Esta é uma realidade muito fácil de compreendermos, se pensarmos em uma infância feliz com boas lembranças dentro de uma família que teve condições de oferecer o necessário para a criação e, de maneira especial, o amor que acolhe e protege. Porém, muitos de vocês que estão lendo este devocional podem não ter lembranças tão boas assim de sua infância, seja pela ausência de um ou de ambos os pais, seja por lembranças e experiências traumáticas que ainda hoje doem quando você as recorda.

Independentemente de suas lembranças, quero encorajá-lo neste dia a pensar nelas como inspiração para alcançar novas alturas em sua vida. Se você teve bons exemplos em seu passado, reproduza isso em sua jornada conforme ela avança. Agir dessa forma levará você a impactar positivamente a vida de outras pessoas e, assim, o legado que seus pais depositaram em você será perpetuado, de geração em geração.

Mas, se você não cresceu com seus pais por qualquer razão, e suas lembranças não são boas, tenha bom ânimo neste dia. Posso dizer, por experiência própria, que precisaremos lidar com essas lembranças um dia, pois elas nos acompanharão em nossa jornada. Meu pai foi embora de casa quando eu tinha cerca de 10 anos de idade. A sua ausência na época gerou uma série de mudanças em nosso lar, tanto emocionalmente, quanto materialmente. Precisei trabalhar desde cedo para auxiliar minha mãe na renda familiar e assumir o papel de supervisor do cuidado de meu irmão mais novo. Mais tarde, com 22 anos de idade, conheci a Jesus como Senhor e Salvador, e isso me levou a pensar nestas lembranças em minha vida. Procurei meu pai e pude pedir perdão pelos sentimentos que havia nutrido em meu coração ao longo dos últimos 12 anos. Eu o culpava por não ter tido uma adolescência como a de meus amigos, que apenas se preocupavam em estudar e se divertir, e não se cansavam trabalhando horas para ajudar no orçamento doméstico.

Se eu conheci a Cristo, que me amou de maneira incondicional, antes que eu pudesse retribuir de qualquer forma a este amor, como poderia continuar carregando este tipo de sentimento ou pensamento com relação ao meu pai terreno? A Palavra de Deus nos informa a este respeito, quanto ao relacionamento entre pais e filhos:

"Filhos, obedeçam a seus pais no Senhor, pois isso é justo. "Honra teu pai e tua mãe", este é o primeiro mandamento com promessa: "para que tudo te corra bem e tenhas longa vida sobre a terra". Efésios 6:1-3

Esta é a primeira vez em que compartilho um pouco de minha experiência com meu pai, pois acredito que alguns de vocês que leem este Devocional possam estar passando hoje por aquilo que eu passei muitos anos atrás. Assim como Deus agiu com Sua graça e misericórdia comigo, creia que Ele também fará com você!

Depois desta conversa, consegui uma reaproximação com meu pai e hoje nos damos bem. As lembranças do passado, que antes doíam, deste dia em diante estavam cicatrizadas. Um último detalhe que faz toda a diferença é que, quando conseguimos parar de olhar para o nosso passado com dor e sofrimento, temos a capacidade de olhar para o presente e para o caminho que trilhamos até este ponto em nossa vida. Foi neste momento em que consegui compreender que minha experiência de vida fez de mim a pessoa que sou hoje. Neste sentido, posso ser grato por tudo o que aconteceu em meu passado, pois ele foi um grande professor. A nossa opção é aprender com ele e melhorarmos como seres humanos e cristãos que conhecem ao Deus que servem!

***Desafio:** Chegou o momento de encarar o seu passado! Assim como eu compartilhei minha experiência com vocês, existem pessoas que precisam ouvir o seu testemunho com relação ao seu passado. Quais foram as experiências que você já superou ao longo de sua jornada e que você pode compartilhar com seus seguidores? Escreva um texto em suas redes sociais e compartilhe! Deixe que esses momentos sejam instrumentos para abençoar e inspirar pessoas que estejam vivendo desafios em suas vidas!*

Se ainda existem feridas que não foram curadas, aproveite este momento para procurar as pessoas e pedir perdão. Converse com elas para que este momento fique para trás! Com certeza a sua vida não será mais a mesma depois deste dia. Caso queira compartilhar com a gente esta experiência, não esqueça de marcar o @parabolasgeek e @editoracemporcentocristao usando a hashtag #Desafiodos40Dias para que possamos compartilhar também em nossas redes.

Modo Gamer: vá para o Dia 33

Código Secreto:

..– ––

NÍVEL**FÁCIL**

DIA 30

RESIDENT EVIL

"Alegrem-se com os que se alegram; chorem com os que choram".
Romanos 12:15

A década de 90 do século passado foi, sem dúvidas, a era das *lan houses*. Este é um dos conceitos que muitos de vocês nunca ouviram falar e que revelam um pouco de minha idade. Nestes locais era possível usar computadores com internet, além de pagar para jogar nos consoles mais modernos e caros do momento. Lembro muito bem de quando ia até a mais próxima de minha casa para jogar *Playstation 1* e um jogo em específico sempre era o meu escolhido: *Resident Evil*.

Lançado em 1996 pela empresa *CAPCOM*, ele popularizou um gênero que ficou conhecido como "*survival horror*", uma espécie de suspense psicológico, com uma trama surpreendente que, conforme o jogador avança, vai descobrindo segredos sempre em um clima de tensão crescente. No primeiro episódio da saga, a equipe *Bravo* de um grupo de elite chamado *Stars* perde contato com sua base em *Raccon City*. Para investigar o que está acontecendo na cidade e tentar resgatar os sobreviventes, a equipe *Alpha* é enviada. Ela é composta pelos agentes *Chris Redfield*, *Jill Vallentine*, *Barry Burton*, *Rebecca Chambers* e *Albert Wesker*.

A primeira equipe foi enviada para investigar mortes estranhas que aconteceram nesta cidade. A ação acontece em uma mansão que é uma fachada para experimentos da indústria de biotecnologia *Umbrella Corporation*, que será uma das principais responsáveis pelo famigerado *T-Virus* e por todo o caos decorrente da infestação zumbi na cidade. Some-se a isso os experimentos que envolvem criaturas bizarras, fruto de manipulação genética para utilização como armas biológicas. O primeiro jogo da franquia vendeu

cerca de três milhões de cópias e permitiu que a *CAPCOM* produzisse muitos outros títulos deste universo. De vírus a parasitas, de zumbis lentos e previsíveis a infectados rápidos e fortes, seja em *Raccon City*, na ilha *Rockfort*, ou numa vila europeia e até em solo africano, o jogo mostra como os interesses econômicos por trás da indústria farmacêutica podem ser potencialmente nocivos.

Quero aproveitar a ideia da infestação zumbi em *Resident Evil* para falar a respeito de um assunto muito presente no mundo todo pós-2020, por causa da pandemia do novo Coronavírus. Ao longo da história da humanidade, muitas infestações aconteceram com resultados catastróficos para as populações envolvidas. Nos primeiros séculos da história da igreja, muitas epidemias acometiam os territórios do império romano, e os cristãos eram conhecidos pelo cuidado com os enfermos, mesmo que muitos sucumbissem ao entrar em contato com os infectados.

No final do período medieval, houve a terrível epidemia que ficou conhecida como Peste Negra, dizimando cerca de um terço da população europeia da época. Esta doença era a peste bubônica transmitida pelos ratos, que eram muito comuns em uma sociedade sem nenhum saneamento básico. Mais uma vez, o número de clérigos que morreu foi muito grande, pois a igreja era uma das responsáveis pelos cuidados com os enfermos. Mais recentemente, no início do século XX, aconteceu a chamada Gripe Espanhola e, para falar de nossa geração, passamos pela pandemia do Coronavírus com muitos infectados e, infelizmente, muitos mortos. Tudo isso precisa nos levar a pensar no que podemos fazer como igreja em momentos de desafio extremos como as pandemias.

Em primeiro lugar, não podemos minimizar o impacto da crise na vida das pessoas. Com a escala e as proporções que ela tomou, todos foram afetados de alguma forma com tudo o que aconteceu. Seja fisicamente, por ter contraído o vírus em diferentes níveis de intensidade, seja psicologicamente, fruto do confinamento da quarentena. O texto base fala sobre isso, pois, em meio às crises, não devemos nivelar todas as pessoas a partir de nossa experiência pessoal, mas procurar olhar para os outros a partir de suas próprias experiências de vida. Se estamos fortes, isso não deve ser motivo para acreditar que somos melhores ou mais espirituais que aqueles que não estão. Devemos seguir o conselho do autor de Provérbios e chorar com os que choram, pois isso é sinal de empatia e de importância para com os que estão sofrendo neste momento.

Em segundo lugar, precisamos orar continuamente pela restauração daqueles que estão sofrendo por causa da crise. Orar por cura, paz, harmonia nos lares, pela provisão financeira nas famílias e tantos outros motivos. A oração é um dos fundamentos da missão da igreja. Jesus orou durante todo o seu ministério terreno, deixando o exemplo para a igreja primitiva, que reproduziu a prática da oração e, desde então, temos sido desafiados a sermos intercessores diante de Deus com relação à nossa geração.

Em terceiro e último lugar, precisamos aprender com os nossos antepassados na fé que enxergavam no momento de crise uma oportunidade de apresentar a Cristo, por meio de suas próprias vidas, seguindo o Seu exemplo.

Precisamos aprender a exercitar uma fé prática, e não apenas discursiva, em momentos de crise. O apóstolo Tiago nos ensina a este respeito em sua carta:

"Se um irmão ou irmã estiver necessitando de roupas e do alimento de cada dia e um de vocês lhe disser: "Vá em paz, aqueça-se e alimente-se até satisfazer-se", sem porém lhe dar nada, de que adianta isso?".
Tiago 2:15-16

Dizer que nos importamos apenas com palavras nos iguala ao amor frio e vazio da sociedade egocêntrica na qual estamos inseridos. Precisamos tomar muito cuidado para não sermos entorpecidos pelas notícias ruins que chegam todos os dias, deixando de nos importar com os que sofrem. Não podemos, como igreja, nos esquecer que, por trás de estatísticas e números, estão seres humanos e suas famílias. Não podemos ser indiferentes ao que acontece ao nosso redor!

Desafio: faça uma rápida pesquisa nas notícias e verifique quais são os maiores desafios que o nosso país ou outra nação estão passando neste exato momento. Separe um tempo neste dia para orar e interceder por esta necessidade. Se for possível, converse com seus amigos, célula, grupo de jovens para que orem coletivamente a este respeito! Você tem se envolvido com a área de oração de sua igreja? Quais são as maiores necessidades de sua igreja local neste momento? Se não souber, pergunte aos seus pastores e seja um intercessor para auxiliar sua liderança a desenvolver o ministério de Cristo concedido a eles!

Modo Gamer: vá para o Dia 34

Código Secreto:

NÍVEL **MÉDIO**

DIA 31

CANDY CRUSH SAGA

"Também lhes digo que se dois de vocês concordarem na terra em qualquer assunto sobre o qual pedirem, isso lhes será feito por meu Pai que está nos céus. Pois onde se reunirem dois ou três em meu nome, ali eu estou no meio deles". *Mateus 18:19-20*

Estudar melhor jogos mobile e multiplayer trouxe à existência um universo que eu sequer imaginava que existia. Especialmente com relação ao tamanho deste mercado e o volume astronômico de dinheiro que um jogo inocente movimenta ao longo dos anos. Hoje gostaria de falar de um *puzzle* ou quebra-cabeça que fez muito sucesso e, assim como os dois últimos textos no modo *gamer*, também aparece nas listas como um dos jogos mais baixados da década.

Candy Crush Saga foi lançado pela desenvolvedora *King* em 2012 para todos os sistemas mobile, além do próprio *Facebook*, integrando o jogo à rede social. Esta inovação complicou bastante a vida dos usuários, na medida em que era possível pedir vidas para seus amigos virtuais e os pedidos vinham às centenas. Não foi um período legal para se usar a rede...

O jogo, como outros aplicativos de sucesso, possui uma mecânica extremamente simples. Todos os tipos de doces são dispostos em um tabuleiro e você precisa combinar doces iguais para que desapareçam. Existem missões em cada fase, sendo que, em algumas, você precisa eliminar tudo o que estiver no tabuleiro. Já em outras, apenas determinados doces destacados. O jogo é gratuito, mas compras podem ser feitas para aumentar suas chances, comprando vidas extras e itens especiais. Essas pequenas compras, na casa de um a

três dólares por jogador, gerou uma receita de US$ 1,33 bilhão de dólares para a empresa. O projeto foi tão bem sucedido que a *King* foi vendida para a *Actionvision* em 2016 por nada mais nada menos que US$ 5,9 bilhões de dólares.

A febre foi tão grande que, na Inglaterra em 2013, uma clínica preparou um programa para viciados em *Candy Crush*. O custo do tratamento era de dois mil euros e o consultório recebia cerca de cinco pacientes todos os meses em busca de reabilitação dos doces virtuais.

As fases são atualizadas semanalmente com o acréscimo de cerca de 15 novos níveis, chegando a milhares de fases disponíveis, se você começar a saga no dia de hoje. Embora os gráficos e a temática sejam infantis, a maioria dos jogadores é maior de 21 anos. A explicação mais plausível é que, por ser um jogo casual e móvel, pode ser jogado enquanto se espera numa fila ou se aguarda um atendimento, por exemplo.

Acho muito interessante que o jogador comece a pontuar a partir da combinação de duas peças. Quanto mais peças ele conseguir unir simultaneamente, maior será o seu combo e a jogada ajuda a eliminar várias peças, aproximando-o da conclusão da missão. A partir de tudo isso, o que podemos aprender com um jogo bastante simples, cujo objetivo é agregar peças semelhantes? Várias coisas, na verdade.

Vamos começar com a ideia central de *Candy Crush Saga*. Você só consegue vencer se unir duas peças ou mais. Da mesma forma, o cristianismo só existe a partir da comunhão entre iguais. O texto base de hoje deixa isso bastante claro, pois é necessário a concordância entre irmãos em Cristo com relação à oração. Jesus também garantiu que onde estiverem pelo menos duas pessoas, ali ele também estaria. Não fomos chamados para sermos peças isoladas neste tabuleiro complexo, mas sim para a comunhão entre os que creem.

"Se, porém, andamos na luz, como ele está na luz, temos comunhão uns com os outros, e o sangue de Jesus, seu Filho, nos purifica de todo o pecado". 1 João 1:7

A comunhão é um elemento fundamental para a existência da igreja cristã. O primeiro lugar onde ela deve ser verdadeira é em cada casa, a partir do núcleo familiar. Por esta razão, precisamos dar atenção especial para o relacionamento de nossas famílias. Existe poder na oração em concordância, por isso somos tentados todos os dias a não concordarmos. Pais, como está o relacionamento com seus filhos? Filhos, como está o relacionamento com seus pais? Cônjuges, como está o seu casamento? Existe poder na oração conjunta, por esta razão, temos tanta dificuldade para orarmos em família. Uma igreja saudável só existe com famílias saudáveis. O cuidado com seus familiares é urgente e necessário. O desafio de hoje tratará a este respeito.

Depois da família, precisamos permanecer unidos com o Corpo de Cristo, em comunhão com os irmãos. Não podemos trabalhar em prol do Reino sozinhos. Fico muito feliz quando recebo o convite de um pastor para ministrar em sua cidade, evento ou igreja, e, em nossa conversa inicial, ele me pergunta sobre a minha igreja local e o meu pastor. Este é um sinal claro de que o líder se preocupa com o discipulado e que não podemos ficar sozinhos, mas todos, sem exceção, precisamos de pessoas que nos auxiliem a crescer na fé e em nossa caminhada com Cristo.

Para concluir, em *Candy Crush*, quando várias peças são unidas, alguns doces especiais são liberados como o brigadeiro, o doce listrado e a bala com papel de plástico. Estas peças geram melhores resultados, atingindo um número muito maior de itens e cores diferentes. Da mesma forma, só conseguiremos sair das quatro paredes de nossas igrejas e alcançar cada grupo ainda não evangelizado de nossa sociedade se fizermos um bom trabalho interno. Apenas trabalhando biblicamente como igreja é que conseguiremos cumprir nossa missão de pregar o Evangelho a toda a criatura, como está escrito:

"Ora, vocês são o corpo de Cristo, e cada um de vocês, individualmente, é membro desse corpo".
1 Coríntios 12:27

Desafio: como está a aplicação do texto base de hoje em sua família? Muitas vezes, passamos tempo demais esperando que alguém tome uma iniciativa, mas ninguém o faz, mesmo sabendo de sua importância. Os filhos esperam que os pais se organizem para este tempo, os pais esperam que os filhos cresçam ou que as finanças melhorem, enfim, podemos correr o risco de não fazer o necessário, por simples falta de iniciativa. Em uma conversa entre os moradores de seu lar, defina o melhor dia e horário para colocarem o culto familiar em prática: um tempo especial de oração pelos pedidos e necessidades da família, no qual todos saberão quais são os desafios que cada membro está passando. Além de trazer o Reino de Deus para sua casa, a cumplicidade entre vocês vai aumentar muito! Se vocês já possuem esta prática, é só continuar perseverando em Cristo.

Modo Gamer: vá para o Dia 35

Código Secreto:

AB

NÍVEL**DIFÍCIL**

DIA 32

GOD OF WAR

"Não procurem vingança, nem guardem rancor contra alguém do seu povo, mas ame cada um o seu próximo como a si mesmo. Eu sou o Senhor". *Levítico 19:18*

God of War é uma franquia de jogos que utiliza como pano de fundo para o roteiro as mitologias grega e nórdica, para contar a história de um espartano que se tornou deus do Olimpo e depois abriu mão de seu posto, para viver uma vida tranquila junto ao seu filho. Estamos falando de *Kratos*, um dos personagens mais conhecidos no mundo dos games.

Criado em 2005 por *David Jaffe*, do *estúdio Santa Mônica*, o título se transformou no carro chefe do console *PlayStation*, que criou oito jogos até o momento para os diferentes aparelhos da marca. O capítulo mais recente da saga, lançado em 2018, vendeu em um ano doze milhões de unidades, recebendo da crítica especializada diversos prêmios de melhor jogo do ano.

Em *God of War*, *Kratos* passa dez anos trabalhando para os deuses do *Olimpo* e então recebe de *Atena* a missão de derrotar o deus da guerra, *Ares*, que havia enganado-o no passado, fazendo matar sua própria família. Após cumprir sua missão, ele assume o lugar de *Ares* no *Olimpo*.

Em *God of War II*, de 2007, *Kratos* se irrita com os olimpianos e parte para a cidade de *Rhodes*. *Zeus* interfere e trai o novo deus da Guerra, que é salvo pela *Titã Gaia*. Em meio à trama, ele descobre que é filho do próprio *Zeus*, fazendo uma aliança com os *Titãs* para atacar o *Olimpo*.

God of War III, lançado em 2010, mostra um *Kratos* que é abandonado pelos *Titãs*, que o usaram para concretizar sua vingança pessoal contra o *Olimpo*. Ele inicia, então, uma nova jornada pelo submundo em busca de um meio para derrotar *Zeus*.

Com sua vingança completa, *Kratos* desaparece. Reencontraremos o espartano com o lançamento de *God Of War*, que dará início à era nórdica da franquia. Ele não está sozinho, mas com seu filho, *Atreus*. A continuação, ainda sem nome oficial, será lançada em breve.

Nos jogos da primeira era de *GOW*, que envolvem a mitologia grega, *Kratos* é sucessivamente usado e traído, seja pelos deuses do *Olimpo*, pelos *Titãs* ou pelo seu próprio pai, *Zeus*. Eles o usam como um instrumento para realizar seus propósitos. Tantas mentiras e traições resultam em ira e sede por vingança contra todos os que cruzaram o seu caminho.

Ao longo da história bíblica, muitos homens foram traídos da mesma forma. Podemos citar o rei Davi, que descreveu a dolorosa experiência no livro de Salmos:

"Se um inimigo me insultasse, eu poderia suportar; se um adversário se levantasse contra mim, eu poderia defender-me; mas logo você, meu colega, meu companheiro, meu amigo chegado, você, com quem eu partilhava agradável comunhão enquanto íamos com a multidão festiva para a casa de Deus!".
Salmos 55:12-14

Não é porque somos filhos e filhas de Deus que não passaremos por problemas nesta área. Precisamos lidar com a questão da frustração em nossas vidas numa perspectiva bíblica. Conforme nos envolvemos com o Reino, a partir de uma igreja local, poderemos ter problemas de relacionamento. Talvez ofender alguém, mesmo que involuntariamente, ou ainda sermos ofendidos por outras pessoas. Independentemente da situação, devemos nos posicionar.

Em primeiro lugar, a vingança não deve estar em nossos planos. Dar o troco ou pagar na mesma moeda é incompatível com a nossa fé – já conversamos sobre isso no devocional sobre o *Pac-Man*, está lembrado? Um filósofo mexicano pode nos ajudar a compreender melhor a razão pela qual a vingança nunca será um bom negócio em nossas vidas:

"A vingança nunca é plena, mata a alma e envenena". Seu Madruga.

Caso o problema seja pontual, como uma palavra que escapa, um comentário infeliz, ou algo menor, devemos ser cristãos maduros e resolver rapidamente. Se erramos, devemos pedir perdão. Se alguém errou conosco, devemos perdoar. Não é tão difícil, certo? Se você ainda tiver alguma dúvida sobre o seu direito de permanecer ofendido, olha o que a Palavra diz:

"Suportem-se uns aos outros e perdoem as queixas que tiverem uns contra os outros. Perdoem como o Senhor lhes perdoou". Colossenses 3:13

A nossa missão no Reino é muito maior do que pequenas rusgas internas. Quanto antes nos livrarmos do peso e da culpa, se machucamos alguém ou se formos a parte ofendida, mais rápido caminharemos para o cumprimento de nosso propósito! Problemas de relacionamento são distrações que nos levam a perder um tempo precioso que não temos, pois precisamos nos preocupar em povoar o céu e saquear o inferno.

Quando você se sentir injustiçado ou traído por alguém e achar que está no direito de se vingar, lembre-se que o próprio Jesus foi traído por um dos seus doze discípulos, foi julgado injustamente, torturado e morto pela pena dos piores criminosos de seu tempo. Sinceramente, nenhum argumento vai nos dar o direito de tomar uma atitude diferente daquela que o Mestre tomou. Ele venceu a morte e, por causa de Sua obra, temos a vida eterna.

Quando passo por ocasiões como esta, e foram várias ao longo dos últimos anos, a minha reação é sempre tentar entregar para Deus esta situação, conforme o texto base de hoje nos indica. Além disso, procuro ser cheio do amor de Deus em minha caminhada, pois como o apóstolo Paulo nos diz:

"O amor é paciente, o amor é bondoso. Não inveja, não se vangloria, não se orgulha. Não maltrata, não procura seus interesses, não se ira facilmente, não guarda rancor". 1 Coríntios 13:4-5

Ao amarmos a Deus e ao próximo, não restará espaço em nossos corações para o rancor. Perdoe! Peça perdão! Viva leve e livre das frustações, resolvendo de maneira madura os seus problemas de relacionamento.

Desafio: como você lida com as frustrações e problemas de relacionamento em sua caminhada cristã? Você se ofende facilmente com outras pessoas? De que maneira olhar para o sofrimento de Jesus pode ajudar a não nos magoarmos com facilidade? Anote seus pensamentos em seu caderno de devocional.

Modo Gamer: vá para o Dia 36

Código Secreto:

NÍVEL**EXTREMO**

DIA 33

DOUBLE DRAGON

"Se alguém afirmar: "Eu amo a Deus", mas odiar seu irmão, é mentiroso, pois quem não ama seu irmão, a quem vê, não pode amar a Deus, a quem não vê".
1 João 4:20

Uma guerra nuclear destrói o mundo como o conhecemos. Cinco anos depois, a sociedade em ruínas agora é composta basicamente por gangues e criminosos de todos os tipos. *Double Dragon* é protagonizado por *Billy* e *Jimmy Lee*, ambos mestres de uma arte marcial fictícia, chamada *Sōsetsuken*. Uma vida difícil em uma sociedade caótica (tem certeza de que este jogo foi criado em 1986 mesmo?). Em um dia determinado, a namorada de *Billy*, chamada *Marion*, é sequestrada por um grupo de criminosos, chamados *Black Warriors*, que pedem em troca da liberdade dela todos os segredos de seu estilo de luta.

Aparentemente, o responsável pelo grupo criminoso é *Willy Mackey*. Mas na versão do console *NES*, existe um misterioso chefe da organização, chamado *Shadow Boss*. Este é o resumo do enredo de *Double Dragon*, um jogo lançado para vários consoles distintos, que sempre fez muito sucesso, por aprimorar o estilo de jogo de luta *beat'em up*, que consiste em um game no qual os jogadores enfrentam levas cada vez maiores de inimigos, mais fortes e mais velozes. Ele foi lançado em 1987 pela empresa japonesa *Technos* e distribuído nos Estados Unidos pela *Taito*.

O game apresenta diversos chefes ao final de cada uma das fases, além de um recurso que seria muito utilizado em jogos semelhantes: as fases bônus! Um elemento curioso no jogo são os dois finais distintos

para a versão em *Arcade* e *NES*, ambos para o modo de dois jogadores. No primeiro, após derrotar o aparente último chefe, os dois jogadores se enfrentam até a morte. No segundo, após derrotar o testa-de-ferro *Willy*, um dos irmãos, *Jimmy Lee*, revela sua verdadeira natureza e se transforma no *Shadow Boss*, mostrando que enganou seu irmão o tempo todo, sendo ele o responsável pelo sequestro de *Marion* e o líder de toda a facção criminosa do jogo.

Este é um excelente ponto de partida para o nosso Devocional de hoje. Um dos irmãos, embora tenha lutado lado a lado durante todo o jogo, no final revela sua verdadeira face ao seu companheiro de jornada. Muito distante de nossa realidade, não é? Infelizmente, acho que não. Muitas vezes, os cristãos comportam-se como um exército que ataca os seus próprios soldados quando eles estão feridos, exatamente como no jogo base de hoje.

Não podemos confundir a igreja de Cristo com um shopping center, onde escolhemos o alimento do dia na praça de alimentação e damos uma voltinha sem qualquer compromisso. Na verdade, ela se parece mais com um hospital, em que as pessoas doentes são trazidas para serem tratadas e curadas. Quando chegamos à família de Cristo, podemos ter a falsa impressão de que todos os que estão inseridos no ambiente da igreja local já passaram pelos processos de crescimento e, portanto, são cristãos maduros. A realidade, no entanto, é que todos estamos no processo, em momentos diferentes da jornada. Assim, precisamos ajudar aqueles que estão chegando, exercendo misericórdia com os que erram em nosso meio, ao mesmo tempo em que precisamos de ajuda, quando errarmos em nossa caminhada.

O nosso amadurecimento espiritual é um grande processo que nos acompanha a vida toda e, nesse sentido, tropeços acontecerão. A grande questão é que as quedas precisam ser a exceção e não a regra para nós. Precisamos adquirir a habilidade de cair e levantar para, em seguida, continuar andando. Muitos permanecem no chão quando caem, seja por conscientemente optarem por uma vida distante de nosso Deus, seja por não terem força para levantarem sozinhos.

Existe um texto na carta do apóstolo Tiago que pode ajudar a compreender a nossa função com relação aos novos na fé, quando estes erram o alvo, se afastando do caminho.

"Lembrem-se disso: Quem converte um pecador do erro do seu caminho, salvará a vida dessa pessoa e fará que muitíssimos pecados sejam perdoados". Tiago 5:20

Por outro lado, não é exclusividade dos novos na fé sofrerem com a tentação do pecado em suas vidas. Por mais experientes que pensemos ser, esta é uma ameaça que está sempre presente ao nosso redor.

Paulo, o apóstolo que foi um dos grandes líderes da igreja de Atos, tinha ciência desta realidade e nos deixa um sábio conselho em uma de suas cartas:

"Assim, aquele que julga estar firme, cuide-se para que não caia!". 1 Coríntios 10:12

Paulo, conhecido como o apóstolo dos gentios, outro grande pilar da igreja primitiva, compreendia esta realidade ao aconselhar seu discípulo Timóteo:

"Mas, por isso mesmo alcancei misericórdia, para que em mim, o pior dos pecadores, Cristo Jesus demonstrasse toda a grandeza da sua paciência, usando-me como um exemplo para aqueles que nele haveriam de crer para a vida eterna". 1 Timóteo 1:16

Nesta complexa equação do convívio da Igreja de Cristo, devemos sempre primar pelo exercício da misericórdia para com aqueles que erram, compreendendo que precisamos estar muito mais atentos com relação à nossa própria vida. Com certeza compreender estas duas realidades nos ajudarão no exercício prático da comunhão cristã!

Desafio: para o devocional de hoje, verifique em qual das duas situações você se encaixa neste momento de sua vida:

a) Um ano ou menos de conversão;
b) Mais de um ano de conversão.

Se você anotou "a" e é novo convertido ou nova convertida, como está sendo sua experiência cristã? Quais são os seus desafios pessoais que precisam ser vencidos? Existe alguém caminhando com você, como um discipulador ou líder com quem possa se abrir e receber um suporte regular? Se não tiver, ore a Deus para que mostre alguém que possa acompanhá-lo neste início.

Se você anotou "b", a minha sugestão é que você organize sua agenda para atender e acompanhar dois novos convertidos nos próximos 12 meses, um em cada semestre. Não é preciso muito, apenas estar disponível para auxiliar e orar por este irmão ou irmã em Cristo em seus desafios e dificuldades. Converse com o seu pastor, para pedir autorização e só fazer algo caso exista concordância com sua liderança. Outro elemento importante é que esta escolha leve em consideração seu gênero. Ou seja: meninos cuidam de meninos e meninas de meninas!

Modo Gamer: vá para a página 37

Código Secreto:

.--. .-. .. -- . ..

.-. ---

NÍVEL **FÁCIL**

DIA 34

METAL GEAR

"Jesus os advertiu severamente que não contassem isso a ninguém". *Lucas 9:21*

Metal Gear é uma aclamada série de jogos criado pelo mestre *Hideo Kojima* para a empresa *Konami*. O primeiro título foi lançado em 1987 para os consoles *MX2* e uma versão para o *NES*. Sua sequência surge em 1990 e, com a chegada de uma nova geração de consoles, é lançado o jogo *Metal Gear Solid*, para o *Playstation 1*. Foi neste ponto da saga que eu tive contato com o personagem *Solid Snake* e fiquei realmente impressionado com o que pude jogar. Em primeiro lugar, os gráficos 3D eram incríveis para a época, além da dublagem dos personagens. O segundo elemento que me chamou a atenção foi o enredo e o estilo do jogo. Era a primeira vez que minha interação com o ambiente trazia resultados diferentes nas consequências da missão. Eu precisava tomar cuidado para não ser visto pelos inimigos, usando camuflagem, e aguardando o momento certo para passar sem chamar a atenção. Era revolucionário, pois as escolhas que fazíamos influenciavam os resultados do jogo. Até então, os inimigos estavam postos no mapa para que você os encontrasse, assim, querendo ou não, você era obrigado a cruzar com eles pelo caminho. Em *Metal Gear*, você podia montar uma estratégia para passar despercebido se quisesse, ou então enfrentar hordas de inimigos, se fosse descuidado. Eu ainda não sabia disso, mas este estilo de jogo tinha um nome específico, que seria um de meus preferidos desde então: *stealth*.

Diferente da maioria dos jogos de ação, o *stealth* moderno tem como objetivo evitar o combate. Neste sentido, é necessário aguardar o melhor momento para atacar inimigos distraídos pelas sombras ou enquanto eles não te esperam. Desta forma, não existe uma única maneira de concluir a missão, mas sim várias, e o jogador precisa escolher por onde vai seguir.

Talvez o primeiro jogo que levasse a furtividade em consideração tenha sido *Castle Wolfenstein*, lançado em 1981 para o *Apple II*. Os gráficos lembram muito o *Atari 2600*, mas os inimigos já contavam com uma "proto" inteligência artificial para reagir de forma distinta às escolhas do jogador que, por exemplo, poderia passar despercebido usando o uniforme dos inimigos abatidos. Além do próprio *Metal Gear* de 1987, e sua continuação de 1990 que cunhou um termo para este gênero intitulado de *tactical espionage game* (ou jogo de espionagem tática), podemos citar *Aliens vs. Predator*, de 1994, *Oddwolrd: Abe's Oddysse* e *Goldeneye, 007*, ambos de 1997, como os precursores deste gênero.

O ano de 1998 é fundamental para decretar o sucesso do *stealth* e a sua popularização. Atualmente é muito comum encontrar um jogo de ação que tenha elementos de furtividade, mesmo que seja apenas em missões secundárias nos títulos de mundo aberto. Em 1998, foram lançados *Metal Gear Solid*; *Tenchu*; *Stealth Assassins* e *Thief: The Dark Project*, sendo que, a partir deste episódio, a então modesta franquia de *Metal Gear* se transforma em uma das sequências mais bem sucedidas de todos os tempos, popularizando de vez este gênero.

Este estilo de jogo pode nos ajudar a desenvolver a ideia do devocional de hoje. Na era das redes sociais, vivemos na cultura do espetáculo e da exposição excessiva. Tenho a impressão de que a intimidade das pessoas é cada vez menor, e a fronteira entre a vida pública e a privada é cada vez mais difícil de diferenciar. As redes sociais deram a todos uma voz para que se manifestem da maneira como acharem melhor. O grande problema, que muitos especialistas e os próprios criadores das redes estão discutindo e estudando, são os efeitos colaterais que esta liberdade tem gerado em nossa geração. Pesquisas apontam um crescimento exponencial nos índices de depressão e problemas emocionais em jovens e adolescentes, alinhado com a popularização e massificação da Internet, e isso não é mera coincidência.

O estágio atual da revolução digital, que colocou a internet na palma de nossas mãos através do desenvolvimento da tecnologia dos *smartphones*, trouxe consigo um lado mais obscuro desta mudança. Por meio da segurança que o anonimato digital traz, muitos estão perdendo os filtros de civilidade para despejar todo tipo de ofensa contra instituições públicas e privadas, personalidades famosas e...pessoas comuns. A superexposição pessoal e a opinião sem filtro sobre outras pessoas precisam ser levadas em consideração. O assunto é bastante complexo e, por isso, hoje ficamos com o primeiro tópico e, no próximo texto no modo Gamer, abordaremos o segundo ponto (é o texto do dia 38, para você que está fazendo a leitura sequencial do livro).

O texto base de hoje mostra um comportamento de Cristo que se repete por diversas vezes ao longo do Evangelho. Em determinados momentos de seu ministério, Jesus pedia aos seus discípulos ou mesmo às pessoas que Ele havia curado para que nada falassem sobre o que haviam visto ou vivenciado. O Messias era cuidadoso com a exposição de Seu ministério, de maneira especial com seus discípulos que detinham informações privilegiadas a Seu respeito.

Quando observamos outras referências sobre esta discrição requerida, encontramos este sábio conselho do autor de Provérbios:

"Quem é cuidadoso no que fala evita muito sofrimento". Provérbios 21:23

Ao tomarmos este versículo como verdade, e aplicando-o em nossas vidas de fato, evitamos muito sofrimento. Quantas discussões em família não aconteceriam se cuidássemos mais com o que falamos? Seja com seus pais, filhos ou cônjuge, o cuidado e a reflexão podem ser aliados maravilhosos de nossos relacionamentos. A segurança proporcionada pela tela do computador ou do celular pode nos levar a escrever coisas que, na presença da pessoa, não falaríamos de maneira nenhuma. Por isso, sempre gosto de propor como exercício a seguinte questão: eu falaria isso que estou escrevendo sobre essa pessoa em sua presença? Tome muito cuidado com o que chamamos de "efeito de manada", que antigamente era mais conhecido como efeito "Maria vai com as outras".

Não é porque muitas pessoas estão falando algo sobre determinado assunto que você deve fazer o mesmo. Nós não precisamos compartilhar tudo o que fazemos ou expressar a nossa opinião sobre qualquer assunto. Às vezes, a paz e a tranquilidade em guardar segredo ou discrição sobre a sua vida e a respeito do que você pensa, vale muito mais a pena do que o desgaste que a exposição e a opinião que não edifica podem trazer. Pense nisso!

Desafio: quero sugerir, neste dia, que você assista ao primeiro episódio da primeira temporada da série original da Netflix chamada: "Eu e o Universo", de 2018, que trata deste assunto. Desafio muito fácil... devo estar muito bonzinho com vocês!

Modo Gamer: vá para o Dia 38

Código Secreto:

NÍVEL**MÉDIO**

DIA 35

ROBLOX

"Tornei-me judeu para os judeus, a fim de ganhar os judeus. Para os que estão debaixo da lei, tornei-me como se estivesse sujeito à lei, (embora eu mesmo não esteja debaixo da lei), a fim de ganhar os que estão debaixo da lei. Para os que estão sem lei, tornei-me como sem lei (embora não esteja livre da lei de Deus, mas sim sob a lei de Cristo), a fim de ganhar os que não têm a lei. Para com os fracos tornei-me fraco, para ganhar os fracos. Tornei-me tudo para com todos, para de alguma forma, salvar alguns. Faço tudo isso por causa do evangelho, para ser coparticipante dele". *1 Coríntios 9:20-23*

Minha experiência com *Roblox* foi estranha. Eu sempre acreditei, antes de ser pai, que eu seria o grande provedor de informações e lazer para meu filho, até que ele atingisse a maioridade. Qual não foi a minha surpresa quando ele me pediu para baixar no celular o jogo mais legal que ele já tinha visto? O grande detalhe é que não fui eu quem apresentou *Roblox* ao Joshua, mas seu primo, que está na mesma faixa etária que ele. Neste momento, eu percebi que os filhos não são páginas em branco nas quais os pais devam imprimir a sua visão de mundo, mas sim livros prontos, escritos por Deus, para abençoar esta geração! O nosso papel como pais é apenas conduzir esta experiência, por meio do nosso exemplo de vida, para que eles encontrem o centro da vontade de Deus.

Este jogo foi criado por *David Baszucki* e *Erik Cassel*, lançado em sua versão de testes em 2004. O lançamento oficial do site aconteceu no ano de 2006. O nome *Roblox* é a junção entre as palavras *"Robots e Blocks"*. O seu gênero é o *MMORPG*, que significa *"Massively Multiplayer*

Online Role-Playing Game", ou "jogo de representação de papéis online com multijogadores em massa", em tradução livre. Ele existe em um mundo aberto e me lembra um pouco a ideia de um multiverso, na medida em que existem centenas de milhares de mapas de todos os tipos imagináveis para a sua escolha. Você pode participar de duas formas: como jogador, que experimenta os mapas e joga online com amigos ou desconhecidos, e como criador, onde você gera um novo mapa para jogadores do mundo testarem sua criação. Em 2020, a plataforma alcançou 150 milhões de jogadores mensais, com mais de 500 mil criadores de mapas. A expectativa de faturamento para 2020 é de US$ 250 milhões de dólares, tendo um desempenho muito superior ao ano anterior. Este aumento do faturamento é explicado pela quarentena ocasionada em virtude da crise da Covid-19.

O que me espantou quando acompanhei o Joshua nas primeiras partidas foi a diversidade de temas disponíveis neste *"metaverso"*, que é como os produtores de *Roblox* chamam o jogo. Qualquer personagem que meu filho goste possui seus próprios mapas, como *Sonic*, *Ninjas*, *Batman*, *Dragon Ball Z*, *Ben10* e muitos outros. Desta forma, independentemente de seu gosto pessoal, você vai encontrar algo com a qual se identifique.

Esta característica de construção de um *metaverso* em *Roblox* traz à minha memória um discurso do apóstolo Paulo aos cristãos da cidade de Corinto. A fala de Paulo, que está em nosso texto base, revela as principais características de sua estratégia de evangelismo: contextualização cultural, testemunho pessoal e empatia emocional.

Qualquer jogador que fizer uma pesquisa nos mapas disponíveis vai encontrar algo feito com base em seus gostos pessoais. Da mesma forma, qualquer pessoa que nos procurar para saber mais a respeito do Deus a quem nós servimos, deve encontrar em nosso discurso algo com o qual possa se identificar. Como tratamos de contextualização cultural no texto do dia 18 com *Street Fighter*, vamos analisar os dois elementos restantes:

Testemunho pessoal. Paulo falava como um judeu para alcançar os judeus, e como um romano para alcançar os romanos. É interessante perceber que ele era um judeu letrado do grupo dos fariseus e também um cidadão romano. Deus usará as nossas experiências para alcançarmos determinados grupos com os quais tivemos contato ao longo da vida. Neste sentido, seu testemunho pessoal, sua história e como você foi transformado ou transformada por Jesus é, com certeza, uma de suas armas mais poderosas para compartilhar a mensagem do Evangelho. Use esta arma para contar a respeito das maravilhas que Deus já operou em sua vida, pois seus amigos podem ainda não conhecer a Jesus, mas eles conhecem você.

Empatia emocional. Paulo diz que se fez de fraco para alcançar os fracos. Será que conseguimos nos colocar no lugar do outro com facilidade para compreendermos as suas fraquezas? Muitas vezes não compreendemos desafios que são diferentes das nossas lutas pessoais. Padronizamos o nível do sofrimento a partir de nossa experiência e menosprezamos aquilo que achamos simples de resolver. Sem o filtro da empatia, não conseguimos enxergar o mundo a partir da ótica do outro. A empatia é fundamental para compreendermos como as pessoas pensam e porque agem de determinada maneira. Este exercício de compreensão é ainda mais necessário em dias em que todos querem falar, mas poucos estão dispostos a ouvir.

Como cristãos, o nosso papel é mostrar o Caminho às pessoas, que é Jesus – o nosso papel é apenas este. Todos devem ser bem-vindos em nosso meio, mas o convencimento do pecado e a conversão pertencem ao Espírito Santo, conforme João 16:7-8.

Precisamos ser pessoas agradáveis com aqueles que ainda não tiveram um encontro pessoal com Cristo, lembrando que talvez nós sejamos os únicos cristãos com os quais elas tenham contato. Neste sentido, nós seremos a régua de medir a partir da qual todo o cristianismo será medido. Não se esqueça de contextualizar o evangelho, de usar seu testemunho pessoal e de cultivar a empatia com a dor do próximo, para que sejamos bons representantes do Deus vivo nesta terra.

Desafio: vamos fazer algo bem prático para apresentar o Evangelho a algum conhecido com quem você ainda não tenha falado sobre Jesus, tomando como base o devocional de hoje. Segue um passo a passo de orientação para compartilhar o Evangelho com amigos e conhecidos:

1 – Empatia. Pergunte como a pessoa está e se você pode orar por alguma causa em sua vida. Procure compreender suas dores e ser empático com ela;

2 – Testemunho pessoal. Conte o seu testemunho e como você mudou a partir do seu encontro com Cristo;

3 – Convide. Gentilmente, ofereça a essa pessoa a oportunidade de estar com você na próxima célula ou culto de sua igreja;

4 – Ore. Peça a Deus para que esta visita seja o dia de sua conversão!

Modo Gamer: vá para o Dia 39

Código Secreto:

PRXP

NÍVEL**DIFÍCIL**

DIA 36

HALO

"Desde os tempos antigos ninguém ouviu, nenhum ouvido percebeu, e olho nenhum viu outro Deus, além de ti, que trabalha para aqueles que nele esperam". *Isaías 64:4*

Halo é composto por uma série de jogos que funcionam na perspectiva do jogador, no famoso gênero de jogos de tiro em primeira pessoa, também conhecido como *FPS*. Desenvolvido pela empresa *Bungie* nos primeiros episódios, atualmente é produzido pela *343 Industries*. *Halo* é exclusivo para o *Xbox* e é um grande sucesso de vendas. A franquia já arrecadou mais de US$ 5 bilhões de dólares, o que é de fato surpreendente, se levarmos em conta que ele é exclusivo para uma plataforma e seus lançamentos não são anuais, existindo um grande espaçamento entre eles. Para se ter uma ideia, *Halo 5: Guardians*, foi lançado em 2015 e a sua continuação, *Halo Infinite*, tem lançamento previsto para 2021.

O enredo central é bastante interessante e complexo, mas não tenho espaço para esmiuçá-lo aqui. Você vai ter que pesquisar os detalhes. Uma espécie alienígena, chamada *Forerunner*, enfrenta há milhares de anos uma batalha contra um parasita chamado *Flood*, que na verdade são resquícios de um grande conhecido destes alienígenas. O parasita gera uma infestação generalizada contaminando todos os seres conscientes da galáxia. Então, em uma medida desesperada, após trezentos anos de guerra sem chance nenhuma de vitória, eles constroem uma estrutura orbital e recolhem exemplares de todos os planetas da galáxia para que fiquem em animação suspensa até que resolvam o problema. A estratégia seria usar uma arma de destruição em massa chamada *Halo*, que consistia em gigantescos anéis orbitais que dizimariam toda a vida consciente da galáxia. A sua tese era de que, sem alimento, o parasita morreria.

Cerca de cem mil anos depois desta batalha, a humanidade, comandada pela *UNSC* ou *United Nations Space Command*, colonizou vários planetas, o que gerou tensões com colônias mais antigas e desenvolvidas, culminando numa guerra civil galáctica. A *UNSC* passou a enfrentar um grupo de planetas organizados teocraticamente, conhecido como *Covenant*. Eles consideraram os humanos hereges, por não seguirem a seus deuses... os *Forerunners*. O personagem central é o soldado modificado *Master Chief* e o jogo mostra a sua jornada para compreender toda essa história, que é contada aos poucos ao longo dos jogos da série.

Milhares de anos depois da batalha que dizimou os *Precursores*, os *Forerunners* acreditavam que estes eram deuses. Milhares de anos depois, os membros da Aliança *Covenant* acreditaram que aqueles que dizimaram seus antepassados eram os verdadeiros deuses. Gostaria de aproveitar este enredo muito bem construído para falar sobre idolatria.

A maneira tradicional, digamos assim, de idolatria é aquela que está descrita nas Escrituras como a principal causa do afastamento do povo de Israel de Deus, quando deliberadamente resolviam seguir e adorar aos deuses das nações vizinhas. Como todos os demais povos no Oriente Próximo eram politeístas, a orientação divina era muito clara:

"Não farás para ti nenhum ídolo, nenhuma imagem de qualquer coisa no céu, na terra, ou nas águas debaixo da terra". Êxodo 20:4

Esta ordem divina foi desobedecida muitas vezes ao longo do Antigo Testamento:

"Então os israelitas fizeram o que o Senhor reprova e prestaram culto aos baalins". Juízes 2:11

Talvez você possa pensar que esta realidade está muito distante de nosso presente. Se no passado o povo de Israel adorava imagens de deuses de religiões politeístas, qual seria o paralelo com a geração do século XXI?

O texto de Êxodo proíbe que o povo de Deus faça qualquer tipo de imagem de ídolos. O dicionário traz duas definições para a palavra ídolo:

1. Imagem que representa uma divindade e que se adora como se fosse a própria divindade;
2. Pessoa ou coisa intensamente admirada, que é o objeto de veneração.

Precisamos tomar cuidado para não criarmos ídolos contemporâneos, através de um novo tipo de culto. Eu dividiria este perigo de nossos dias em duas partes.

Na primeira, está o culto à personalidade, em que a admiração por determinado líder no cristianismo ou mesmo fora dele, ultrapassa a fronteira do respeito e se transforma em veneração idólatra. Líderes devem ser honrados por seus liderados, respeitados pela sua história e pelo preço pago ao longo da jornada. Porém, nunca devemos nos esquecer de que somos todos seres humanos. Esta veneração pode ser reconhecida quando algum líder influente se envolve em escândalos de qualquer natureza. Muitas pessoas se frustram e abandonam a fé por esta frustração. Um comportamento como este revela que essa personalidade, e não Cristo, era o centro da espiritualidade da pessoa.

Na segunda e mais próxima de nossa realidade, está o culto ao próprio ego. Reconhecemos este culto pessoal quando identificamos um comportamento narcisista em operação, definido da seguinte maneira:

As características de personalidade do narcisista incluem opinião muito elevada sobre si mesmo, necessidade de admiração, crença de que as outras pessoas são inferiores e a falta de empatia pelos outros.

Estamos com muitos problemas, se nos preocupamos apenas com o nosso próprio bem-estar, não sentindo a dor dos que sofrem ao nosso redor, desejando apenas sermos servidos sem oferecer nenhuma contrapartida. Em uma época onde a hiperexposição em redes sociais revela um culto ao corpo que precisa ser mostrado e venerado através dos *likes*, uma nova idolatria está se espalhando em todos os lugares.

Como resolvemos esta questão? Relembrando o que o profeta Isaías nos diz em seu livro, no texto base: não existe a menor possibilidade de existir outro deus além do Senhor dos Exércitos. Ao compreendermos esta revelação, passamos a viver segundo ela, destruindo todo e qualquer altar que levantarmos para falsos deuses... em qualquer lugar onde estiverem.

Desafio: você consegue identificar ídolos modernos? Pode anotar em seu caderno quantos conseguir listar, partindo de sua experiência pessoal e visão de mundo? Escreva agora quais medidas podem ser tomadas para destruir estes altares que tentam ocupar o lugar de Deus em nossas vidas.

Modo Gamer: vá para o Dia 40

Código Secreto:

NÍVEL EXTREMO

DIA 37

MEGA MAN

"Ele nos capacitou para sermos ministros de uma nova aliança, não da letra, mas do Espírito; pois a letra mata, mas o Espírito vivifica". 2 Coríntios 3:6

É muito difícil não conhecer o robô azul chamado *Mega Man*, se você acompanha o mundo dos jogos de videogame. A franquia é um verdadeiro clássico da produtora *Capcom*. O primeiro jogo foi produzido em 1987 e, desde então, muitos títulos ajudam a contar a história deste herói.

O enredo original mostra a trajetória de dois cientistas brilhantes, especialistas em robótica, chamados *Dr. Albert Wily* e *Thomas Light*. Eles criaram os robôs mais complexos já existentes, que receberam o nome de *Robot Masters*. *Dr. Wily* enxerga um enorme potencial para conseguir poder através desta criação. Ao apresentar os seus planos de dominação ao *Dr. Light*, este não aceita fazer parte, rompendo a sociedade entre eles. Enquanto *Wily* cria um exército de robôs para ataques terroristas, *Dr. Light* cria dois robôs: *Rock*, um auxiliar de laboratório e *Roll*, uma ajudante doméstica.

Rock vê seus irmãos praticando crimes e atrocidades maléficas e não consegue permanecer inerte. Faz um pedido ao *Dr. Light*, para que o transforme em um robô de batalha capaz de vencer os maus robôs e o próprio *Dr. Wily*. Esta é a origem resumida de *Mega Man*, que será contada ao longo dos seis primeiros jogos da franquia lançada para o console *NES*. A história continuará em *Mega Men X* e também em *Mega Man Zero*, além da participação do personagem em diversos outros jogos da *Capcom*, sendo *Marvel Vs. Capcom* um de meus favoritos.

Existem muitas possibilidades de abordagem para o personagem de hoje, mas gostaria de fixar a nossa atenção para um aspecto em especial: o pedido de Mega Man para ser equipado pelo Dr. Light para vencer aqueles que estavam praticando o mal. Ele receberá diversas armas que serão fundamentais para a sua jornada. Da mesma forma, somos capacitados pelo

Espírito Santo para podermos vencer os desafios que a vida nos impõe. Esta equação é composta por dois elementos fundamentais:

Preparo: *"Procure apresentar-te a Deus aprovado, como obreiro que não tem do que se envergonhar, que maneja corretamente a palavra da verdade". 2 Timóteo 2:15*

Entrega do controle a Deus*: "Não por força nem por violência, mas pelo meu Espírito, diz o Senhor dos Exércitos". Zacarias 4:6*

É de suma importância que exista um equilíbrio entre estes dois elementos, sob o risco de nos tornarmos uma espécie de "neo-fariseus", ao atentarmos apenas para o preparo. Por outro lado, viver apenas pelas experiências com Deus, sem o devido conhecimento bíblico a respeito das doutrinas cristãs, pode nos levar a um fanatismo religioso e ignorante.

Outro ponto importante que podemos observar está no fato de que *Mega Man* teve seu pedido por aprimoramento atendido porque havia um propósito para isso. Converso com muitas pessoas que buscam por experiências com Deus, mas que não conseguem associar esta busca com um propósito que leve em consideração o cuidado com o próximo.

Precisamos tomar cuidado com nossa espiritualidade em uma sociedade que gradativamente está migrando do ambiente real para o virtual. Uma adoração individualista que não nos leve a uma teologia prática, transformando a nossa fé em algo concreto, não condiz com o que a Bíblia ensina a este respeito. O apóstolo João, em sua primeira carta que utilizamos no texto sobre *Double Dragon*, nos diz:

"Se alguém afirmar: "Eu amo a Deus", mas odiar seu irmão, é mentiroso, pois quem não ama seu irmão, a quem vê, não pode amar a Deus, a quem não vê". 1 João 4:20

Devemos equilibrar o nosso cristianismo com os dois elementos abordados em nosso devocional de hoje. A sua fé não pode estar baseada em achismos ou em opiniões pessoais sobre Deus. Precisamos de uma geração de jovens que saiba defender o seu cristianismo diante dos desafios da pós-modernidade. Defender a nossa fé na escola, na universidade ou no trabalho, sem com isso sermos pessoas desagradáveis com os que não creem, conforme declara a Palavra de Deus:

"Trará sempre essa cópia consigo e terá que lê-la todos os dias da sua vida, para que aprenda a temer o Senhor, o seu Deus, e a cumprir fielmente todas as palavras desta lei, e todos estes decretos". Deuteronômio 17:19

Ao mesmo tempo, precisamos de experiências sobrenaturais com Deus ao longo de nossa caminhada. Estas experiências acontecem das mais diferentes maneiras, com o objetivo de nos ajudar a nos manter firmes no dia da dúvida e dos desafios. A nossa motivação para isso deve ser o amor que nos leva a ajudar a quem necessita, como nos ensina o apóstolo Paulo:

"Sigam o caminho do amor e busquem com dedicação os dons espirituais". 1 Coríntios 14:1

Peça ao seu Criador por melhorias não em sua armadura, mas em seu caráter. Que você receba novas habilidades, não para derrotar robôs terroristas, mas para levar o Evangelho a lugares onde ele ainda não chegou. Toda oração feita ao nosso Deus com este propósito, com absoluta certeza, será respondida, pois esta geração precisa da manifestação dos filhos de Deus!

***Desafio:** Mega Man pediu para ao Dr. Light por melhorias de batalha que o ajudassem a derrotar os inimigos. Quais são as melhorias que você precisa fazer em sua vida para derrotar os inimigos que o impedem de cumprir seu propósito e missão de vida? Anote no espaço abaixo pelo menos três melhorias. Se você se sentir confortável em compartilhar esta experiência com outras pessoas, tire uma foto do que você escreveu, publique em suas redes sociais e marque o @parabolasgeek e @editoracemporcentocristao usando a hashtag #40Diasnomundodosgames, para que possamos compartilhar com os nossos seguidores. A sua foto pode ser a motivação que alguém está precisando para mudar de vida!*

Modo Gamer: vá para o Dia 02

Código Secreto:

.--. .- ... ... ---

NÍVEL**FÁCIL**

Parabéns!
Você terminou o Nível Fácil do Modo Gamer.

DIA 38

AMONG US

"A integridade dos justos os guia, mas a falsidade dos infiéis os destrói".
Provérbios 11:3

Among Us, traduzido como "Entre nós", é um jogo para celular desenvolvido pelo estúdio *InnerSloth*, lançado em 2018 para celulares e *PC's*. O jogo teve um efeito retardado, pois não fez muito sucesso em seu lançamento, mas em 2020, devido à redescoberta pelos *youtubers* e *streamers*, o jogo atingiu em setembro de 2020 a marca de 85 milhões de downloads.

A história é bastante simples: vários jogadores se encontram em um dos mapas do jogo com temática espacial, onde a maioria fará parte da tripulação e alguns serão impostores. Cada grupo tem funções específicas. Os tripulantes precisam cumprir tarefas no formato de *mini games*, como consertar reatores, arrumar escudos protetores, organizar a eletricidade da nave, entre outras coisas. Além disso, eles precisam descobrir quem é o impostor ou impostores e lançá-los para fora da nave, por meio de um recurso muito interessante sobre o qual falarei daqui a pouco.

O impostor ou impostores têm a missão de sabotar o mapa e matar os tripulantes sem serem vistos por testemunhas. Eles vencem se todos os tripulantes forem mortos antes que sejam descobertos. O número de impostores varia de um a três por rodada.

Quando um corpo é encontrado por um jogador, ele pode promover uma assembleia ao redor de uma mesa, na qual todos os jogadores (tripulantes e impostores) votam na pessoa que eles acreditam que seja o traidor. Aquele que levar o maior número de votos será lançado para fora do mapa, em órbita, e sai do jogo. Uma mensagem aparecerá dizendo se os jogadores escolheram o criminoso, ou se cometeram uma injustiça e o impostor continua "entre nós". Gostaria de tratar, em nosso devocional de hoje, de um assunto muito presente em nossa realidade no ano de 2020.

fiquei impressionado em como o sistema do jogo é semelhante à cultura do cancelamento ou do trata-mento que as pessoas estão dando umas às outras nas redes sociais. Quando um jogador vê o corpo e aciona a discussão entre os jogadores, não existe nenhum critério técnico para que uma pessoa seja escolhida pela maioria. Embora existam pistas que podem ser acessadas como câmeras ou registros de porta, o que a galera gosta mesmo é de ser subjetiva em suas análises.

Os critérios utilizados de maneira geral giram em torno da opinião pessoal de cada um. Alguns não gostam de determinada cor, por isso sempre acham que o impostor é o vermelho ou o azul, por exemplo. Outros acham o comportamento de determinado jogador suspeito, mesmo que seja uma suposição infundada. Além disso, existem os impostores que são bons de argumentação e culpam inocentes com falsas acusações, que são compradas pela maioria e acabam escolhendo alguém que, por não ter uma boa defesa, não consegue ser convincente a respeito de sua inocência.

Fora do jogo, o comportamento das pessoas acabou se tornando muito parecido nas redes sociais, a partir de dois comportamentos tóxicos de nosso tempo: o cancelamento e o linchamento virtual. Poderíamos definir ambos da seguinte maneira:

Cancelamento virtual é quando um grupo, que até ontem apoiava determinada personalidade, passa a perseguir esta pessoa ou instituição repentinamente. O estopim para esta campanha pode ser um comentário ou post, uma notícia falsa, uma foto publicada, enfim, as causas podem ser variadas. O cancelamento faz com que essa pessoa passe a ser anulada e ofendida por comentários e hashtags quase instantâneas.

Linchamento virtual é quando grupos de desafetos nesta sociedade polarizada destroem reputações em questão de dias. O nível dos ataques virtuais vai intensificando, visando a intimidação e a mudança do comportamento do alvo escolhido. Muitas vezes o problema é simplesmente um pensamento e uma visão de mundo diferente daquela que o grupo que promove o linchamento possui.

Em ambos os casos, a discussão no mundo real é semelhante aos critérios utilizados em *Among Us*, ou seja, são subjetivos. Na maioria das vezes a notícia é sabidamente falsa, mas isso parece que não tem muita importância. Temos visto casos de internautas desequilibrados que vão para a frente da casa de personalidades digitais para tirar satisfação sobre um tweet, um post ou um vídeo que contém uma opinião com a qual não concordam.

Nas redes sociais precisamos agir com justiça. Não devemos julgar o comportamento de outras pessoas apenas porque a opinião delas é diferente da nossa. Como filhos e filhas de Deus, precisamos compreender que hoje o teclado é uma extensão de nossa voz, e, por isso, precisamos postar e escrever coisas que nos identifiquem como cristãos. Tenho a impressão de que entrar na onda dos raivosos e praticar linchamento virtual não seja um comportamento que Jesus legitimaria em nossos dias.

Mas, como podemos fazer diferente? Em primeiro lugar, não sendo agentes do caos, proliferando notícias falsas, as nossas famosas *fake news*. Não leva muito tempo checar uma informação antes de disseminar algo que possa destruir a reputação de alguém. Um exercício interessante é se colocar no lugar da pessoa para a qual se está escrevendo. Você gostaria de receber esta mensagem? Como se sentiria? Mesmo que esta pessoa seja um desconhecido ou desconhecida, será que precisamos entrar nesta moda? Como cristãos, temos um caráter para manter. O nosso posicionamento deve ser o de pacificadores e não de agentes do caos.

Em dias de mundo polarizado em todas as questões possíveis, prefira edificar a vida de outras pessoas, ao invés de ser aquele que dissemina a mentira e o caos. As *fakes news* são mentiras, e toda "boa" mentira possui uma fonte, conforme está escrito em João 8:44.

Depois de acompanhar centenas de brigas e discussões nas redes sociais que não levam a lugar nenhum, decidi usar minhas redes para falar do Reino e dos projetos que Deus tem me dado. Tenho aprendido que dificilmente alguém muda de opinião lendo o comentário de outro em sua própria *timeline*. Neste sentido, não vejo razão em dar uma opinião que ninguém me pediu. Pense nisso! Não é porque temos uma voz nas redes que precisamos usá-la toda a hora. Isso provavelmente não nos faz mais sábios, mas com certeza muito mais chatos.

Desafio: qual é o seu nível de envolvimento com as redes sociais? No desafio de hoje, vamos propor um jejum de sete dias delas, para que você possa perceber se elas estão tomando o tempo do que é realmente importante em sua vida! O que você pode fazer para usar este tempo com mais qualidade?

Modo Gamer: vá para o Dia 03

Código Secreto:

⠧⠁⠇⠊⠙⠁⠙⠑

NÍVEL**MÉDIO**

Parabéns!

Você terminou o Nível Médio do Modo Gamer.

DIA 39

POKÉMON GO

"Portanto, também nós, uma vez que estamos rodeados por tão grande nuvem de testemunhas, livremo-nos de tudo o que nos atrapalha e do pecado que nos envolve e, corramos com perseverança a corrida que nos é proposta".
Hebreus 12:1

Pokémon GO é um jogo para *smartphones* que usa a tecnologia da Realidade Aumentada. Desenvolvido pelas empresas *Nintendo*, *Niantic* e *The Pokémon Company*, o jogo foi lançado progressivamente em diversos países no ano de 2016. Ele utiliza o sistema de localização *GPS* e os recursos da câmera do celular para trazer o universo *Pokémon* para o mundo real. Isso acontece através da busca, captura, treino e batalha das famosas criaturas que aparecem na tela do celular em locais reais. Os desenvolvedores criaram, inclusive, um acessório chamado *Pokémon GO Plus*, que avisa os jogadores quando uma criatura estiver próxima ao local em que eles se encontram.

De todos os jogos apresentados neste devocional, este é um dos poucos que eu pessoalmente não havia jogado. Mas, por outro lado, acompanhei a febre que aconteceu em 2016 com uma verdadeira horda de jogadores perambulando pela cidade, com seus *smartphones* caçando *pokémons* em todos os lugares.

Este aplicativo *mobile* tornou-se um fenômeno mundial e, em 2020, quatro anos após o seu lançamento, apresenta números surpreendentes. O faturamento estimado neste período apenas, com gastos no interior do jogo é de US$ 3,6 bilhões de dólares com 576,7 milhões de downloads em todo o mundo desde então. O Brasil é o segundo país que mais baixou o título, cerca de 63 milhões. Para se ter uma ideia do que *Pokémon GO* gerou no mundo real, as ações da empresa *Nintendo* dispararam no mês de julho de 2016, quase que do dia para a noite, alcançando um recuo recorde no mesmo mês, após esclarecimentos da empresa sobre o mapa de negócios adotado para o projeto.

Um jogo híbrido entre a realidade virtual e o mundo real apresentou uma série de efeitos positivos logo após seu lançamento, como a movimentação do comércio nos locais próximos aos Ginásios e *Pokéstops* do aplicativo. Além disso, houve um acréscimo significativo de visitantes em museus e parques nacionais que continham elementos importantes do jogo em seu interior. O aplicativo foi tema de debates políticos nas eleições de 2016 e personalidades mostraram o seu interesse no tema, no que ficou conhecido como *Pokémania* ou *Pokémon GO Mania*.

Além de todos os elogios que recebeu por levar os jogadores a se exercitarem fisicamente com as caminhadas para encontrar as criaturas, o jogo também foi bastante criticado, devido às situações inusitadas que ocorreram após seu lançamento. Jogadores em áreas afastadas dos grandes centros tornaram-se alvos fáceis de criminosos que aguardavam nas *pokéstops*. Relatos de acidentes de carro por motoristas caçarem enquanto dirigiam, além de invasões a propriedades privadas e militares de jogadores desavisados, que não sabiam onde estavam entrando. Atropelamentos de desatentos que caminhavam enquanto olhavam fixos para a tela, perdendo a noção do mundo real ao seu redor. Estes são apenas alguns dos efeitos nocivos oriundos desta febre mundial.

Gostaria de aproveitar o tema de hoje para conversar com você a respeito das distrações que nos atrapalham em nossa vida. *Pokémon GO* é um excelente exemplo para falarmos sobre isso. Com o fim da barreira entre o real e o virtual, as fronteiras entre ambos os mundos ficaram cada vez menores. Da mesma forma, as chances de nos distrairmos aumenta em muitas vezes. É a distração inconsequente que levou, por exemplo, jovens bósnios a entrarem em áreas de minas terrestres proibidas pelo exército local, ou ainda, à entrada em áreas perigosas na Guatemala, que levou pessoas a perderem suas vidas nas mãos de bandidos.

Uma característica da distração é que ela nos leva para situações de perigo sem que venhamos a nos dar conta disso. Na Bíblia, temos diversos relatos de distrações que custaram muito caro. Davi se distraiu no palácio observando Bate-Seba, quando deveria estar liderando suas tropas no campo de batalha (2 Samuel 11). Sansão se distraiu com uma filisteia chamada Dalila, brincando com ela até que perdeu a sua força (Juízes 16). O personagem da parábola do filho pródigo se distraiu com a ilusão das riquezas, até perder tudo e passar a viver em meio à miséria (Lucas 15). Poderíamos continuar a lista, mas os exemplos são suficientes. Da mesma forma como jogadores ficam distraídos com a realidade ao seu redor, quando estão caçando *Pokémon*, muitas vezes as distrações da vida nos tiram do foco do que é realmente importante, nos fazendo perder tempo com aquilo que é irrelevante.

No texto base de hoje, o autor do livro de Hebreus nos adverte a abrir mão de tudo aquilo que nos atrapalha, de maneira especial do pecado que nos consome, para estarmos aptos a cumprir o propósito de Deus para nossas vidas. O apóstolo Paulo fala sobre sua experiência, neste texto que é um de meus preferidos:

"Pois o que faço não é o bem que desejo, mas o mal que não quero fazer, esse eu continuo fazendo. Ora, se faço o que não quero, já não sou eu quem o faz, mas o pecado que habita em mim". Romanos 7:19-20

Paulo tem um alvo muito claro: fazer o bem. Mas existe um obstáculo para alcançar este objetivo, que é o pecado que o leva a praticar o mal, distraindo o apóstolo de seu principal objetivo. Assim também acontece conosco, pois o pecado nos afasta de nosso propósito principal. Precisamos compreender que as distrações do pecado precisam ser enfrentadas. O antídoto para esta situação chama-se confissão, como está escrito:

"Se confessarmos os nossos pecados, ele é fiel e justo para perdoar os nossos pecados e nos purificar de toda a injustiça". 1 João 1:9

Cuidado com as distrações pelo caminho. Não permita que elas o afastem de seu propósito principal!

Desafio: faça um levantamento de todas as distrações presentes em sua vida neste exato momento. Em seguida, pense sobre que problemas essas distrações geram. Por fim, vamos procurar antídotos para cada um dos problemas levantados. Observe o exemplo abaixo:

Distração: Rede Social
Problema: Atrapalha meu tempo de comunhão com o Senhor
Antídoto: Entregar meu celular para meus pais por alguns períodos de meu dia

Agora monte a sua lista e procure pelos antídotos necessários!

Modo Gamer: vá para o Dia 04

Código Secreto:

SFAXP!

NÍVEL**DIFÍCIL**

Parabéns!
Você concluiu o Modo Difícil.

DIA 40

MONOPOLY

"A religião que Deus, o nosso Pai aceita como pura e imaculada é esta: cuidar dos órfãos e das viúvas em suas dificuldades e não se deixar corromper pelo mundo". Tiago 1:27

A história dos jogos de tabuleiro acompanha o próprio desenvolvimento das sociedades humanas. Alguns registros datam de mais de cinco mil anos em civilizações na Mesopotâmia e no Egito, no Oriente, passando por Grécia e Roma, no Ocidente. A partir deste ponto, se espalharam por todo o Mediterrâneo, acompanhando a chegada dos colonizadores ao Novo Mundo, no século XVI.

Existem milhares de *boardgames*, desde os mais antigos e simples como damas, até os mais recentes e complexos que abordam assuntos como colonização em *Catan*, apocalipse zumbi em *Zumbicide* ou negociação de obras de arte em *Modern Art*, para citar três com os quais tive contato nos últimos anos. Este é um universo incrível, pois a popularização dos videogames levou os produtores dos jogos de tabuleiro a reestruturarem seus produtos, para que esta experiência seja única. As grandes produtoras de conteúdo já perceberam o enorme mercado que eles movimentam e licenciam suas marcas para estarem presentes

também no tabuleiro. Por isso, é possível jogar com os Vingadores, na Terra Média ou ainda nos Sete Reinos de *Game of Thrones*, por exemplo.

Estes jogos são muito úteis para promover a interação entre os participantes, além de estimularem o raciocínio rápido e a estratégia. Por isso, no desafio de hoje, quero encorajar você a deixar um pouco o controle de lado para jogar no tabuleiro, com dicas especiais de jogos com a temática cristã.

Um dos *boardgames* mais populares no século XX foi, sem dúvidas, o *Monopoly*. Criado em 1933 por um vendedor desempregado chamado *Charles Darrow*, sendo produzido pela empresa *Parker Brothers* e depois pela *Hasbro*. Foi um sucesso estrondoso e, desde então, múltiplas adaptações do jogo têm sido criadas no mundo todo. Existem edições regionais e temáticas com filmes e séries, totalizando mais de 2.000 versões traduzidas para 43 idiomas em mais de 100 países, vendendo mais de 275 milhões de unidades ao longo de sua história. No Brasil conhecemos bem o *Banco Imobiliário*, que seria a versão tupiniquim de *Monopoly*, através de uma parceria firmada em 1944 entre as empresas *Estrela* e *Hasbro*. Com o fim desta parceria, a *Estrela* fez adaptações nas regras e em elementos de seu *Banco Imobiliário*, para diferenciá-lo do jogo principal, que também passou a ser produzido no Brasil com o nome original.

Embora a figura de Charles Darrow seja associada à criação de *Monopoly*, existe uma interessante história a este respeito que será o tema de nosso último devocional de nossa quarta jornada de 40 dias juntos. O que hoje é um jogo cujo objetivo é enriquecer e receber dividendos de outras pessoas que precisam pagar para utilizar o seu terreno, começou como uma crítica à concentração de renda e à opressão aos trabalhadores durante o que conhecemos como segunda revolução industrial, durante a segunda metade do século XIX até o final da Segunda Guerra Mundial.

Um economista chamado Henry George lança o livro "Progresso e Pobreza", em 1879, elaborando uma crítica dura contra a desigualdade social que este processo gerou, concentrando riquezas nas mãos de poucos, enquanto a maioria não possuía praticamente nada. Uma jovem chamada Elizabeth Magie fica impressionada com a ideia que encontra na obra de Henry, e passa a fazer parte de um movimento que reivindica uma mudança no sistema de cobrança de impostos sobre terrenos, visando resolver o problema da desigualdade na visão do economista citado. Não quero entrar no mérito da análise da teoria econômica, mas da maneira lúdica que Elisabeth procurou explicar a teoria. Ela usou um jogo de tabuleiro, que tinha como objetivo chamar a atenção para os danos que a acumulação por proprietários monopolizadores exercia sobre inquilinos e empregados. O jogo chamava-se *Landlord's Game* ou, o Jogo do Proprietário. Anos mais tarde, sua ideia seria adaptada para se transformar em um jogo que tem um objetivo diametralmente oposto ao que pretendia a sua idealizadora. A história de hoje pode ser útil para ilustrar um princípio que pode ser utilizado por toda a sociedade, mas que na igreja de Cristo é fundamental que não seja esquecido.

A questão social sempre esteve presente ao longo da história bíblica, tanto em Israel, quanto no Novo Testamento. O cuidado com os menos favorecidos foi intrinsicamente vinculado à religiosidade prática. A ideia central do texto base de hoje é que o cristianismo, quando voltado apenas para o espiritual, sem se importar com os desafios e problemas ao nosso redor, parece se esvaziar de sentido. Amar a Deus deve gerar como consequência direta o amor ao próximo.

Não parece muito lógico pregar a palavra da salvação para alguém que esteja passando fome, sem resolver o problema principal. Acreditar que o papel da igreja é simplesmente suprir o alimento espiritual é menosprezar a sua história e a própria Palavra de Deus, que nos diz nos em ambos os testamentos:

"Pai para os órfãos e defensor das viúvas é Deus em sua santa habitação". Salmos 68:5

"O Rei responderá: "Digo-lhes a verdade: o que vocês fizeram a algum dos meus menores irmãos, a mim o fizeram". Mateus 25:40.

Sempre procuro concluir nossos Devocionais com uma mensagem de esperança e hoje não será diferente. O diferencial é que eu e você podemos ser a esperança de outras pessoas nesta geração! Além de nossa intercessão, podemos transformar a realidade física das pessoas por meio do amor que nos une. Acredito que não exista forma melhor de ser a luz do mundo em uma sociedade com tantos problemas. Quer fazer parte desta verdadeira revolução?

Desafio: não sei se você gosta de jogos de tabuleiro, mas hoje gostaria de deixar uma dica a este respeito. A Editora 100% Cristão possui uma divisão de boardgames que reúne a qualidade dos melhores jogos disponíveis, com a temática cristã. Conheça os títulos disponíveis! Convide amigos cristãos e não cristãos para uma reunião em torno de um jogo de tabuleiro. Além de passar horas agradáveis, você pode testemunhar sobre sua fé, por meio do contato agradável de uma partida analógica. Aproveite e divirta-se! Espero encontrar você em uma nova aventura de 40 Dias em breve.

Você concluiu o Modo Gamer!
PARABÉNS

Código Secreto:

NÍVEL**EXTREMO**

GAME OVER

PALAVRAS FINAIS

Como conversamos na introdução do livro, nos encontramos novamente, agora no fim desta jornada! Foi um imenso prazer poder caminhar ao seu lado nos últimos 40 dias, passeando por tantos jogos que fizeram e ainda fazem a diferença na vida de tantas pessoas ao redor do mundo. Eles trazem lazer, alívio emocional e entretenimento, fazendo com que muitos esqueçam dos problemas, enquanto adotam um personagem e uma aventura. Seja em um deserto cheio de perigos, atrás de relíquias históricas, seja no espaço milhares de anos no futuro, ou ainda em um cenário possível de um futuro apocalíptico, os jogos tem essa capacidade de nos transportar temporariamente da nossa realidade para outros mundos e isso é simplesmente fantástico.

Nestas últimas palavras deste livro, gostaria de dizer que este não é, de maneira nenhuma, o fim, mas sim um novo começo. As próximas fases de sua vida chegarão e algumas serão fáceis, outras muito difíceis. Jogando com o meu filho, eu compreendi algo poderoso em nossas vidas: tenha sempre alguém que já passou pelas fases difíceis do jogo ao seu lado. Quando ele não consegue avançar, ele passa o controle para que eu o ajude a resolver o problema. As nossas vidas seriam muito melhores se aprendêssemos este princípio! Quando as coisas ficarem difíceis em sua vida, passe o controle para Jesus! Ele venceu o mundo e nos ajudará em nossa jornada. Se Cristo "zerou o jogo", então nós também conseguiremos!

"Eu lhes disse essas coisas para que em mim vocês tenham paz. Neste mundo vocês terão aflições, contudo, tenham ânimo! Eu venci o mundo". João 16:33

Procure aplicar o que aprendeu neste tempo e eu convido você, que gostou desta experiência, a repeti-la em outro de nossos livros da série 40 Dias. Em breve teremos um novo volume desta série, em outro universo fascinante da cultura para a nossa edificação.

Caso queira contar como foi a sua experiência, envie-nos uma mensagem no e-mail:
parabolasgeek@gmail.com

Será um prazer ler a sua opinião e sugestões para os próximos livros!

Grande abraço,

Eduardo Medeiros

A HISTÓRIA DO VIDEOGAME DOSSIÊ

A história dos videogames, como os conhecemos hoje, tem pouco mais de 50 anos. Contudo, a sua origem é bem anterior e é muito interessante. Neste pequeno dossiê, vamos acompanhar os principais acontecimentos na história deste mundo mágico, o lançamento dos principais consoles e os jogos que definiram – ou mudaram – a indústria. Além disso, algumas outras informações curiosas, interessantes e relevantes no contexto desta indústria que supera, em lucros, o cinema e a música juntos. Preparados? Vamos lá!

1958 – Tennis for Two. Um simples game que simulava uma bola pulando sobre uma rede, produzido em um osciloscópio criado pelo físico William Higinbotham para entreter os visitantes do laboratório Brockhaven.

1961 – Spacewar. Duas naves que atiram uma na outra numa batalha espacial. Foi criado por estudantes do Instituto de Tecnologia da Universidade de Massachussets, por pura diversão, em um computador que ocupava uma mesa inteira.

1971 – Spacewar. Desta vez, criado por Nolan Bushnell e Ted Dabney para o mercado comercial, adaptando o jogo de batalha espacial para jogar na TV.

1972 – Atari, Pong e Odyssey. Nolan Bushnell cria a lendária empresa Atari e, no mesmo ano, lança o arcade Pong, o primeiro sucesso comercial de um videogame que começou a definir os jogos eletrônicos como parte importante da cultura pop. Nele, uma bola é rebatida de um lado para o outro da tela por uma paleta. Foi lançado primeiro como um gabinete e funcionava com moedas. No mesmo ano, a empresa Magnavox lança o primeiro console doméstico, o Magnavox Odyssey, que foi desenvolvido por Ralph Baer. O seu protótipo, chamado de Brown Box, hoje é peça de museu nos Estados Unidos. O Odyssey só chegou ao Brasil em 1986, sendo já a segunda versão do console, conhecido lá fora como Odyssey 2.

1974 – Pong caseiro. Neste ano, a Atari lança sua versão caseira do arcade Pong. Um console com apenas um jogo, que fez muito sucesso. Pong chegou ao Brasil em 1977 com o nome de Telejogo, lançado pela Philco/Ford. Inúmeros clones de Pong foram lançados por todo o mundo.

1976 – Fairchild Channel F. O primeiro videogame com cartuchos. Não fez grande sucesso, mas esta novidade inovou o mundo dos videogames, tornando-se padrão daí para frente. Ele marca o início da segunda geração de consoles.

1977 – Atari 2600. A Atari lança o seu mais famoso console e um dos mais importantes de todos os tempos. Ele foi um verdadeiro sucesso, tornando-se o mais popular de sua época, vendendo milhares de unidades, criando toda uma mitologia ao seu redor e tornando-o um dos maiores símbolos dos anos 80. Chegou ao Brasil em 1983 e repetiu o sucesso, sendo o videogame mais popular por aqui até o início dos anos 90.

1979 – Microvision. A empresa Milton Bladley Company lança o Microvision, que foi o primeiro console portátil a utilizar cartuchos que poderiam ser substituídos.

1980 – Game & Watch, Pac-Man e Intellivision. A Nintendo lança o seu primeiro portátil, chamado de Game & Watch. A desenvolvedora Nanco cria o Pac-Man, lançando este jogo para os Arcades e depois para o Atari 2600. O personagem e seu game fizeram um sucesso estrondoso, sendo um dos personagens para videogames mais reconhecidos da história. Aqui no Brasil ficou conhecido incialmente como *Come-come*. Neste ano, também foi lançado o console Intellivision, da Mattel.

1982 – Donkey Kong, Colecovision e Atari 5200. Neste ano, a Nintendo lança Donkey Kong, um jogo de arcade criado por Shigeru Miyamoto, que fez muito sucesso e apresentou ao mundo, pela primeira vez, o maior personagem dos videogames de todos os tempos: Super Mario, chamado apenas de Jumpman. O Colecovision e o Vectrex também chegam ao mercado para competir com os consoles da segunda geração e a Atari tenta se manter na briga com o novo Atari 5200, que não repete o sucesso de seu antecessor.

1983 – Crash dos Videogames, Famicom, Sega Mark e a chegada dos videogames ao Brasil. A indústria dos videogames nos Estados Unidos sofreu uma grande quebra em 1983, conhecida como o "crash dos videogames", que praticamente acabou com a venda dos jogos eletrônicos no país. Muitos consoles parecidos, uma infinidade de jogos ruins e a popularização dos computadores foram alguns dos fatores que resultaram neste cenário. Aqui no Brasil, distante disso e com os consumidores completamente alheios a tal realidade, os videogames da segunda geração chegavam, enfim, de forma oficial: Odyssey, Intellivision, Atari 2600 e seus clones, produzidos sem a licença de suas fabricantes devido à lei de reserva de mercado. Os videogames trazem alegria às crianças e famílias brasileiras, vendendo muito e tornando-se um dos principais brinquedos do país. Do outro lado do mundo, no Japão, a Sega lançava o Mark III (futuro Master System) e a Nintendo, o Famicom. Este ano marca o início da terceira geração de videogames.

1984 – Tetris. O russo Alexey Pajitnov lança o jogo Tetris, que se popularizaria ao acompanhar o Game Boy anos depois, tornando-se o segundo jogo mais vendido de todos os tempos.

1985 – NES. Após muita insistência e perseverança, a Nintendo lança o seu console de 8 bits nos Estados Unidos, o NES, ou Nintendinho, como o conhecemos. Superando toda a desconfiança do público, o console foi sucesso absoluto, salvou a indústria dos videogames e, pelos próximos dez anos, seria sinônimo de videogame. No mesmo ano, é lançado também o jogo Super Mario Bros, que foi o jogo mais vendido do console, e um dos mais vendidos de todos os tempos, com mais de 48 milhões de exemplares comercializados, fora as cópias não oficiais. O game definiu a indústria deste ponto em diante, estabeleceu o padrão dos jogos 2D, criou a maior franquia da Nintendo, e tornou-se a sua mascote oficial.

1986 – Master System. A Sega lança o seu console de 8 bits nos Estados Unidos e, bem devagar, começa a sua briga com a gigante Nintendo.

1987 – PC Engine. Este pioneiro console de 16 bits é lançado no Japão pela NEC e Hudson Soft.

1988 – Mega Drive. No Japão, a Sega lança o Mega Drive, seu poderoso e inovador console de 16 bits, que era praticamente um arcade caseiro, impulsionando a presença da empresa na indústria. O PC Engine chega aos Estados Unidos com o nome de Turbografx-16.

1989 – Game Boy, Linx, Super Mario 3, Genesis, Master System Tec Toy e Wisdom Tree. No fim da década, a Nintendo lança seu incrível portátil monocromático, o Game Boy, que se tornou o mais vendido de sua geração. A Atari tentou entrar no mercado de portáteis com o Linx, que era colorido, mas este não vendeu bem. A Nintendo também lançou um dos melhores jogos do Nintendinho, Super Mario Bros 3, que faz estrondoso sucesso. A Sega, para reagir, lança o Mega Drive nos Estados Unidos com o nome de Genesis, representando um novo começo no país. Com uma campanha de marketing extremamente agressiva, ela inicia a famosa "guerra dos consoles" atacando a Nintendo, menosprezando os produtos da rival, fazendo parcerias com atletas e personalidades como Michael Jackson, e usando o famoso jargão: "o Genesis faz o que o NES não faz!" *(Genesis does what Nintendon't).* Neste mesmo ano, aqui no Brasil, a Tec Toy, empresa de brinquedos e videogames fundada dois anos antes, tornou-se representante oficial da Sega por aqui, lançando o Master System em solo nacional. Ele tornou-se muito popular em todo o país, fazendo mais sucesso aqui do que em qualquer lugar do mundo, sendo, inclusive, comercializado até hoje. Curiosamente, foi também neste mesmo ano que uma desenvolvedora de jogos, chamada Color Dreams, mudou seu nome para Wisdom Tree e decidiu focar em jogos bíblicos e religiosos, lançando assim, de forma não oficial, vários games bíblicos para o NES, Mega Drive e Super Nintendo, tornando-se a mais famosa desenvolvedora de jogos cristãos até hoje.

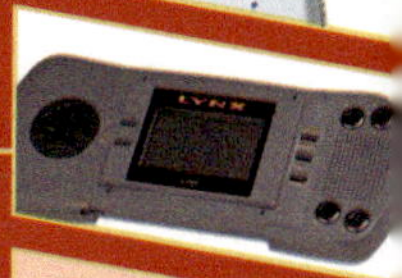

1990 – Super Famicom, Mega Drive Tec Toy, Game Gear e Neo Geo. Perdendo espaço para a Sega, a Nintendo lança no Japão o Super Famicom, poderoso console de 16 bits que vem para competir com o Mega Drive e esquentar, ainda mais, a guerra dos consoles. Do outro lado, a Sega lança o seu incrível portátil Game Gear com tela colorida, mas que não foi capaz de superar o Game Boy em vendas. Aqui no Brasil, a Tec Toy lança o Mega Drive, tornando-o também muito popular no país, e também comercializado até hoje. Vale ressaltar que, devido ao trabalho da Tec Toy, pessoas de outros países costumam dizer que o Brasil é um universo paralelo no qual a Sega venceu a Nintendo. Uma grande curiosidade é que, nesta época, aqui no Brasil, era possível encontrar, de forma oficial, Mega Drive, Master System, clones de Nintendinho, como Turbo Game e Phantom System, o Atari 2600 e seus clones, à venda nas lojas. Neste sentido, tínhamos disponíveis games da segunda, terceira e quarta geração sendo vendidos ao mesmo tempo. Isso não ocorreu em nenhum outro local do mundo. No Oriente, surgia o Neo Geo, poderoso console da SNK, que era um verdadeiro arcade em casa.

1991 – Super Nintendo e Sonic. Neste ano, o 16 bits da Nintendo chegou aos Estados Unidos com o nome de Super Nintendo ou SNES. A Sega contra-atacou lançando o jogo do seu novo mascote, o veloz ouriço azul, *Sonic the Hedgehog*, para o Mega Drive. Além disso, lançou o periférico Sega CD, que permitia ao Mega Drive ler CDs. Para os arcades, chega Street Fighter 2, da Capcom, seu mais famoso jogo. Foi ele que definiu a indústria dos jogos de luta, tornando-se uma verdadeira febre por todo o mundo, inclusive aqui no Brasil, onde era jogado em quase todo comércio, rodoviária ou fliperama.

1992 – Sega na frente. Pela primeira vez, a Sega ficou na frente da Nintendo no mercado norte-americano, esquentando muito a guerra dos consoles com os sucessos do Genesis e do Sonic.

1993 – Nintendo no Brasil, ESRB e Doom. Enfim, a Nintendo chega oficialmente ao Brasil através da Playtronic, uma empresa formada pela parceria entre a Gradiente e a Estrela. Super Nintendo e Nintendinho começam a ser vendidos por aqui com assistência técnica especializada. Neste mesmo ano, o violento Mortal Kombat, junto de Night Trap, tornaram-se "responsáveis" pela criação da ESRB, a classificação etária nos jogos como a temos até hoje, após tensas batalhas no Senado e nos tribunais norte-americanos. O 3DO, primeiro console multimídia de 32 bits, é lançado. A Atari dá o seu último rugido com o Jaguar 64 bits, que não faz o sucesso esperado, levando a empresa ao encerramento de suas atividades no ramo dos consoles. O polêmico jogo Doom é lançado para os computadores, fazendo um incrível sucesso e popularizando os games FPS (Tiro em primeira pessoa).

1994 – PlayStation e Sega Saturn. Após o fim do acordo com a Nintendo para a produção de um periférico de CD-Rom para o SNES, a Sony lança o seu próprio console de 32 bits e, contra todas as expectativas, torna-se a líder do mercado de videogames. A Sega também lança o seu console de 32 bits, o fantástico Sega Saturn, mas fica atrás da Sony em vendas.

1995 – Virtual Boy. O portátil de 32 bits da Nintendo, com tela vermelha e pouca praticidade é lançado, tornando-se um fracasso de vendas, o maior da história da empresa.

1996 – Nintendo 64. O poderoso Ultra 64 da Nintendo é lançado com o nome de Nintendo 64, utilizando cartuchos ao invés de CD's. Apesar de ser o console mais poderoso de sua geração, não consegue superar o PlayStation da Sony, deixando, pela primeira vez desde o Nintendinho, a Nintendo longe do topo.

1998 – Zelda Ocarina of Time, Pokémon e Dreamcast. A Sega inaugura a quinta geração de consoles com o incrível Dreamcast que, apesar de sua imensa qualidade, é descontinuado em 2001, tornando-se o último console da empresa. No mesmo ano, a Nintendo lança *The Legend of Zelda – The Ocarina of Time*, o jogo mais bem avaliado da história e, para muitos, inclusive este que vos escreve, é o melhor jogo de todos os tempos. A Nintendo também lança o Game Boy Color e o fenômeno Pokémon para o seu portátil. A Konami lança o imperdível Metal Gear Solid para o PlayStation.

2000 – PlayStation 2. O segundo videogame da Sony é lançado, tornando-se o console mais vendido de todos os tempos, com mais de 155 milhões de unidades comercializadas. Sucesso absoluto e, para muitos, o melhor videogame já lançado.

2001 – Gamecube, Game Boy Advance e Xbox. A Nintendo ataca em dose dupla com o Gamecube e o portátil de 32 bits Game Boy Advance. A gigante dos computadores, Microsoft, entra no mundo dos games com o poderoso Xbox, praticamente um PC em forma de videogame.

2004 – Nintendo DS e PSP. A Nintendo lança o Nintendo DS (Dual Screen), seu portátil de duas telas, torna-se o segundo console mais vendido de todos os tempos com mais de 144 milhões de unidades comercializadas. A Sony entra na briga dos portáteis com o sensacional PSP.

2005 – Xbox 360. A Microsoft sai na frente na briga da sétima geração de videogames com o Xbox 360, tornando-o um imenso sucesso. O console vendeu muito em todo o mundo, inclusive aqui no Brasil. Parte deste sucesso por aqui deve-se especialmente pela pirataria e facilidade na aquisição de jogos gravados.

2006 – PlayStation 3 e Nintendo Wii. Sony e Nintendo entram na sétima geração com os seus novos consoles. A Sony não consegue repetir o sucesso de seus antecessores, mas a Nintendo consegue recuperar muito do espaço perdido, com o revolucionário sensor de movimentos do Wii e alcançando um público mais casual.

2009 – Zeebo e Minecraft. A TecToy tenta retomar o sucesso no mercado dos videogames com um console brasileiro, o Zeebo. Apesar da excelente proposta de jogos via download, não obteve o sucesso desejado, devido aos problemas de hardware antes do lançamento, do alto preço do console e da concorrência com PS2 e Xbox 360. Neste ano, é lançado o fenômeno Minecraft que, em 2020, se tornaria o game mais vendido de todos os tempos, somando mais de 200 milhões de unidades vendidas para todas as plataformas para as quais foi lançado.

2011 – Nintendo 3DS e PSVita. Nintendo e Sony avançam na briga pelo mercado de portáteis com seus novos consoles. A Big N com o 3DS, que possui efeito 3D sem óculos, e a Sony com o incrível PSvita. Curiosamente, apesar da qualidade dos dois aparelhos, ambos marcaram o fim deste mercado por parte das duas empresas, sendo abandonados anos depois sem o sucesso esperado.

2012 – Nintendo Wii U. O sucessor do Wii chega de forma triste, causando confusão na mente do público após uma campanha de marketing confusa. Ele fracassa nas vendas e, apesar dos excelentes jogos clássicos da empresa, torna-se outra decepção no mercado.

2013 – PlayStation 4 e Xbox One. Sony e Microsoft entram na oitava geração com verdadeiras máquinas de jogos. PS4 e Xbox One são consoles poderosíssimos e trazem jogos com gráficos muito realistas, histórias densas, envolventes e turbinadas por orçamentos milionários.

2016 – Pokémon GO. A Nintendo e a Niantic lançam Pokémon GO, jogo de realidade aumentada para celulares que vira febre em todo o mundo, levando milhares de pessoas a saírem pelas ruas, procurando os monstrinhos.

2017 – Nintendo Switch. A Nintendo usa a sua última cartada e lança o Switch, um híbrido entre portátil e console de mesa que é, praticamente, uma atualização e expansão do Wii U. O console torna-se um verdadeiro sucesso de vendas em todo o mundo. Neste ano, a Tec Toy relança o Mega Drive aqui no Brasil, numa edição especial com entrada para cartão SD e caixa igual à original.

2018 – E-sports e GTA V: A receita das competições de E-sports (esportes eletrônicos) alcança neste ano a marca de US$ 906 milhões de dólares e, no mesmo ano, o jogo GTA V, lançado originalmente em 2013 pela Rockstar, torna-se o produto da indústria do entretenimento mais lucrativo de toda história com mais de US$ 6 bilhões de dólares arrecadados.

2019 – Google Stadia. A gigante da informática, Google, lança sua plataforma de jogos via streaming e, apesar das expectativas, o serviço ainda é bastante falho, mas deve determinar a tendência do mercado. O público de e-sports neste ano chega a 454 milhões de espectadores em todo o mundo.

2020 e 2021 – PlayStation 5, Xbox Series e Battle Royale. Sony e Microsoft projetam os seus mais novos e poderosos consoles que, para muitos especialistas e boa parte do público, devem marcar a última geração de consoles de mesa. No mesmo ano, devido à pandemia do Coronavírus, os videogames são incentivados e tratados como benéficos pela mídia e por especialistas. O console Play Station 2 volta a ser o mais vendido no Brasil no mercado de usados. Ao mesmo tempo, jogos chamados de *Battle Royalle*, ou batalha campal, como Fortnite, Free Fire, PUBG, dentre outros, se popularizam fazendo grande sucesso tanto nos celulares quanto nos consoles de mesa.

O que nos espera o futuro? Realidade virtual? Jogos por streaming? O fim dos consoles? Foco nos jogos mobile? O domínio dos PCs? Só Deus sabe! Contudo, é certo que ainda viveremos muitas aventuras em histórias incríveis e marcantes. Fica também a esperança de que mais jogos bíblicos e cristãos sejam lançados, apresentando o evangelho de Jesus Cristo aos jogadores de todo o mundo.

Deus abençoe a todos!

Luiz Miguel de Souza Gianeli. Casado com Débora e pai de Agnes Annelise e Luigi. Bacharel em Teologia, pastor da Igreja Batista Nova Esperança, em Piumhi/MG, gamer desde os anos 80, autor da trilogia "Muito além dos videogames" e editor da revista de mesmo nome.

DECODIFICAÇÃO

Agora que você concluiu todos os textos e desafios, use este espaço para decodificar os códigos secretos e ler as 4 mensagens escondidas neste livro!

Nível Fácil:

Nível Médio:

Nível Difícil:

Nível Extremo:

RESPOSTAS DOS DESAFIOS

MODO GAMER DE LEITURA

Antes de virar a página esteja ciente que:

As respostas estão dispostas em três camadas distribuídas da seguinte forma:

Camada 01. Dicas para auxiliar você a resolver sozinho ou sozinha os quatro enigmas do modo gamer;

Camada 02. Os quatro gabaritos, para que você possa decodificar os códigos propostos nos desafios;

Camada 03. As respostas dos desafios.

É importante que você não divulgue as respostas usando nossas hashtags e canais oficiais, para não estragar a experiência de alguém que esteja começando a jornada agora. Caso queira nos mandar sua decodificação no privado e contar como foi a experiência, envie para @parabolasgeek.

Nos próximos livros, queremos intensificar esta experiência com a gamificação junto com os Devocionais. Então, se você gostou do Modo Gamer, prepare-se! Novos e mais intensos desafios esperam por você em breve!

CAMADA 1 - DICAS

Nível Fácil:

1 – Foi criado em 1835;

2 – Muito utilizado por escoteiros e radioamadores;

3 – Sistema binário de representação à distância de números, letras e sinais;

4 – Criado por Samuel Finley Breese Morse.

Nível Médio

1 – Demorou 13 anos para ser aprimorado;

2 – O seu criador tinha 15 anos quando desenvolveu a primeira versão;

3 – É escrito geralmente em papel relevo;

4 – É um alfabeto táctil;

5 – Criado por Louis Braille.

Nível Difícil

1 – Leva o nome de um Imperador Romano;

2 – É um sistema simples de criptografia;

3 – É conhecida como chave de substituição;

4 – A primeira letra do alfabeto corresponde à quarta na chave de criptografia.

Nível Extremo

1 – Não existem dicas para um alfabeto inédito, então vamos apresentar algumas letras para que você possa tentar descobrir as palavras a partir delas.

CAMADA 2 - GABARITOS

1 - Nível Fácil: Código Morse

A	.-	J	.---	S	...	2	..---
B	-...	K	-.-	T	-	3	...--
C	-.-.	L	.-..	U	..-	4	....-
D	-..	M	--	V	...-	5	.....
E	.	N	-.	W	.--	6	-....
F	..-.	O	---	X	-..-	7	--...
G	--.	P	.--.	Y	-.--	8	---..
H	....	Q	--.-	Z	--..	9	----.
I	..	R	.-.	1	.----	0	-----

2 - Nível Médio: Alfabeto Braile

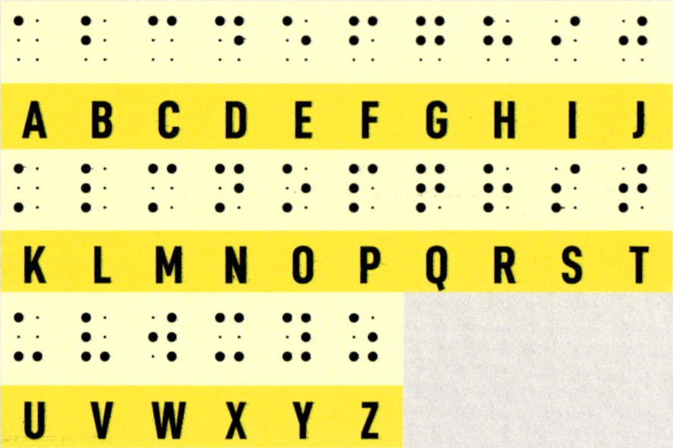

3 – Nível Difícil: Cifra de Cesar

Você deve usar a chave de criptografia abaixo para substituir as letras. A mensagem criptografada é a que corresponde à linha superior. A resposta está na linha inferior do código.

A	B	C	D	E	F	G	H	I	J	K	L	M
D	E	F	G	H	I	J	K	L	M	N	O	P
N	O	P	Q	R	S	T	U	V	W	X	Y	Z
Q	R	S	T	U	V	W	X	Y	Z	A	B	C

4 – Nível Extremo: Alfabeto do Universo da Lenda de Bóia

Criado por Léo D. Andrade

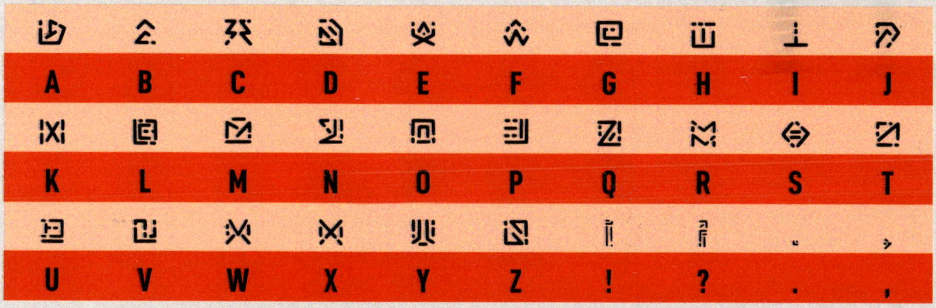

CAMADA 3

RESPOSTAS

Nível Fácil:

ATÉ MESMO AS MAIORES JORNADAS COMEÇAM COM UM PRIMEIRO PASSO

Nível Médio:

POR FAVOR, NÃO SE ESQUEÇA: OPORTUNIDADES TÊM PRAZO DE VALIDADE

Nível Difícil:

CARÍSSIMOS: PERMITAM QUE JESUS ASSUMA O CONTROLE DE SUAS VIDAS

Nível Extremo:

FOI UMA HONRA CAMINHAR COM VOCÊ DURANTE ESTES QUARENTA DIAS!

BIBLIOGRAFIA

ALVEZ, Flora. **Gamification.** São Paulo: DVS, 2015.

CHIADO, Marcus Vinicius Garrett. 1983 + 1984: **Quando os Videogames Chegaram**. São Paulo: Marcus Vinicius Garrett Chiado, 2016.

BURKE, Brian. **Gamificar:** Como a gamificação motiva as pessoas a fazerem coisas. DVS: São Paulo, 2015.

GONZALES, **Justo, Cultura e Evangelho:** o lugar da cultura no plano de Deus. São Paulo: Hagnos, 2016.

HORTON, Michael. **O Cristão e a Cultura**. São Paulo: Cultura Cristã, 2018.

HUIZINGA, Johan. **Homo Ludens.** São Paulo: Perspectiva, 2019;

MCGONIGAL, Jane. **A realidade em jogo.** São Paulo: Best Seller, 2012

PAPANDREA, James L. **From Star Wars to Superman:** Christ Figures in Science Fiction and Superhero films. New Hampshire: Sophia Institute Press, 2017.

SANDLIN, Andrew. **Cultura Cristã:** uma introdução. Brasília: Monergismo, 2016.

GIANELI, Luiz Miguel de Souza. **Muito Além dos Videogames Volume 1.** Piumhi: Luiz Miguel de Souza Gianeli: Piumhi, 2018.

____________________ **Muito Além dos Videogames Volume 2.** Piumhi: Luiz Miguel de Souza Gianeli: Piumhi, 2019

____________________ **Muito Além dos Videogames Volume 3.** Piumhi: Uiclap, 2020.